一生劣化せず今すぐ若返る

整筋

ほうれい線が消える！

顔《かお》体《からだ》大全

アンチエイジングデザイナー
村木宏衣

日経BP社

Introduction

はじめに

女優やスーパーモデルなど、国内外のセレブを多数顧客に持つアンチエイジングデザイナーの村木宏衣さん。老化の悩みに根本からアプローチして、自然な若返りを実現するそのテクニックは、まさに〝ゴッドハンド〟といえるもの。

さらに村木さんは、その手技をセルフケアとしての側面からも追究し続け、自身をメンテナンスするだけでなく、誰でも手軽にアンチエイジング効果を得られるメソッドとして提唱。その即効性にも、驚きの声が多く集まっています。

シワやたるみ、むくみ脚、丸まったオバさん背中、下腹のたるみ……。そんな顔や体の尽きない悩みも、「老化だから」とあきらめる必要はありません。

本書では、顔も体も、全身を若返らせてくれる村木メソッドの秘技を、理論から実践まで、お悩みに応じて余すところなくご紹介します。

ぜひ、あなた自身の体と心で、〝劣化を防ぐ〟その効果を実感してください。

「日経ヘルス」編集部

contents

夕方1分でもOK！

顔のたるみが気になる夕方。
そんなときにもメイクの上から
ささっと行えます。
1分で行えるメソッドもあるので、
覚えておくといいでしょう。

筋肉の場所を意識すると効果がさらにアップ

筋肉をほぐして、ゆるめるのが村木式メソッド。
そのため本書では、それぞれのケアで
アプローチしたい筋肉を示してあります。
ぜひ、筋肉の位置や動きを意識しながら
「ココが凝っているな」「ココがゆがんでいる」
という感覚を大切にして、セルフケアを行ってください。
ターゲットが明確になると変化も感じやすく、
セルフケア効果がさらに高まりますよ。

「お風呂でセルフケア」もお薦めです！

体が温まるバスタイムにセルフケアを行えば、
滞りがちなリンパや血液の巡りをよくしたうえで筋肉をほぐせて、
マッサージ効果がさらにアップ。代謝がより高まるため、
冷えや余分な脂肪が気になる人にもお薦めです。
各PARTの冒頭では、
お風呂でできる「基本のケア」をご紹介しています。
3分でできるメソッドもあるので、
忙しくて時間がない人も、ぜひ毎日の習慣に！

Part1
アンチエイジング 顔筋メソッド

Part2
アンチエイジング 整筋メソッド

即効性があるのに
リバウンドなし！

村木式メソッドで誰もが若返る理由とは？

村木式は、さまざまなボディメンテナンス法の長所を取り入れて発展してきた若返りメソッドです。なかでも重視するのが、加齢や長年の習慣で硬く縮まり、偏って使われている筋肉の「クセ」。これが骨格を引っ張ってゆがませ、顔や体は若い頃のバランスを失って、さまざまな老化現象を引き起こすのです。

　それを根本からストップするのが、筋肉・骨格・リンパに対するアプローチ。特別な技術も、道具も必要ありません。かわりになるのが、狙った部分に圧をかけて「動きを加える」テクニック。力のない女性でも、メイクの上からでも、体のより深い部分を効率よく、いつでも簡単にほぐせるセルフケアの手技は、村木式の大きな特徴であるとい

3つのアプローチで 老化の悩みを根本から改善

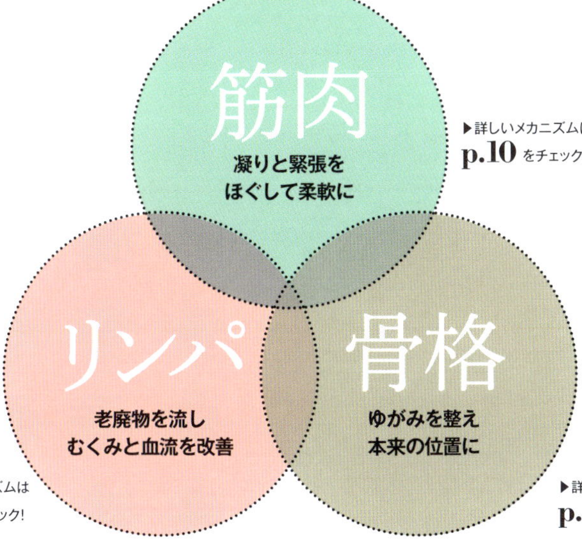
筋肉
凝りと緊張を
ほぐして柔軟に
リンパ
老廃物を流し
むくみと血流を改善
骨格
ゆがみを整え
本来の位置に

▶詳しいメカニズムは p.10 をチェック!

▶詳しいメカニズムは p.14 をチェック!

▶詳しいメカニズムは p.12 をチェック!

えるでしょう。

深層部をほぐして筋肉の弾力が復活すると、多くの人がその即効性に驚きます。何はともあれ、まずは気になる部分のケアを実際に行ってみてください。顔や体がスッと軽く、楽になるのを実感できるはずです。

また、老化悩みの根本的な改善を目指す本書では、原因となる部位別のケアをご紹介しています。そのため、例えば『目元のケア』（P48〜）を行うと、疲れ目がすっきり改善して視界がクリアになるといった、副次的な効果も期待できます。

もし「凝っている」「緊張している」部分があれば、お悩みによらずケアを実践してみてください。日々のヘルスケアにも、本書はきっとお役に立つはずです。

筋肉

muscles

老化現象を引き起こす元凶！硬直をゆるめて弾力のある筋肉へ

年齢とともにどんどん増える、たるみやシワなどのお悩み。「皮膚が衰えてきたから仕方ない」などとあきらめてはいませんか？　実は、これらの大きな原因となるのが「筋肉の硬さ」。そのメカニズムをご説明していきましょう。

筋肉の老化は20代以降に始まり、筋線維がだんだん硬く縮まります。ここへ追い打ちをかけるのが、長年の生活習慣や体の使い方によって積み重ねられた「筋肉のクセ」。筋肉は使いすぎても、反対に使わなすぎても硬く収縮しますが、これが骨を引っ張って、顔や体をゆがませてしまいます。さらに血液やリンパを押し流すポンプ機能も衰え、老廃物がたまった皮膚はたるんだ状態となって、収縮した筋肉はこれを支え切れずに、老化現象となって現れるのです。

さらに頭のてっぺんからつま先まで、全身は筋膜でつながっています。現代人は前のめりな姿勢になりやすく、首が縮んで周囲の筋肉を引っ張ることで、口角を下げ、ほうれい線や二重あごなどのたるみをつくる原因に。この点からも、筋肉の柔軟性を高めることによるエイジング対策が重要だとわかります。

セルフケアで筋肉がゆるむと、自律神経のバランスが整い、呼吸も深まって、眠りの質や、内臓の機能も改善します。体が本来持つ力で自分のベストなコンディションが引き出せる、そんなうれしい効果が盛りだくさんなのです。

筋肉に対して「垂直」に圧をかけるのがポイント

OK 深層部からほぐして筋肉の弾力を取り戻す

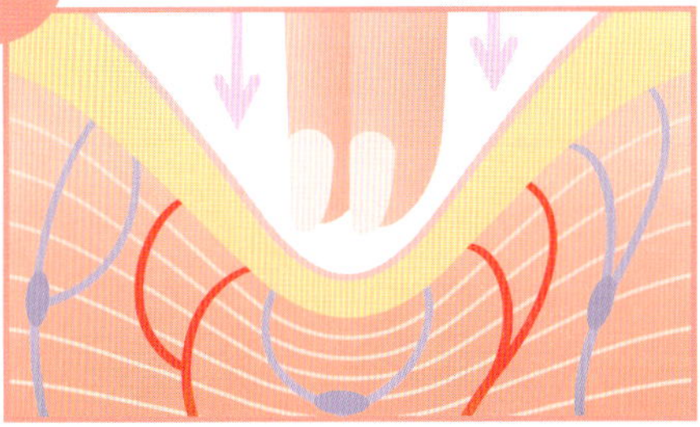

筋肉に対して垂直に圧をかけてほぐすのも村木式のポイント。深層部を刺激して弾力が復活し、滞った血液やリンパの流れもスムーズになる。

NG 表層のマッサージでは十分にほぐれない

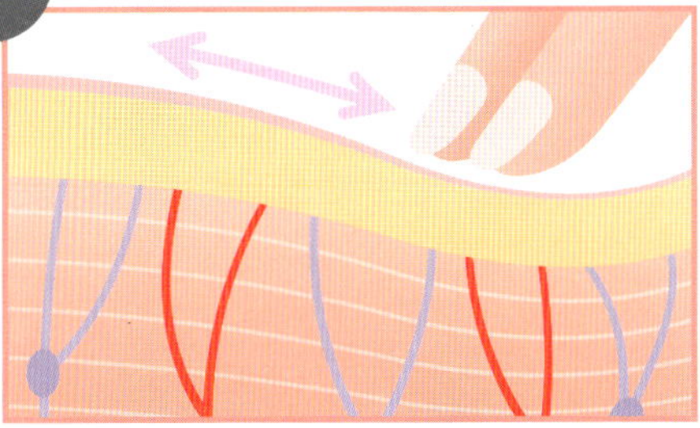

筋肉に対して水平方向にもむマッサージでは表面にしか刺激が伝わらず、深層の筋肉がほぐれないため効果は限定的かつ一過性になりがち。

骨格

skeleton

筋肉をゆるめて骨格のゆがみを整え体が持つ本来の機能を取り戻す

村木式メソッドの大きな特徴のひとつといえるのが、顔も含めた全身のゆがみ・ねじれの改善効果です。

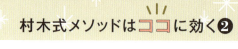

そもそも全身を支える骨格は、骨に付着する筋肉によって動かされています。ところが、加齢や運動不足などによって筋肉が硬くなると、骨格を引っ張り、全身のバランスを崩してゆがみを生じさせます。そんな中、筋肉はさらに偏った使われ方をするため、ますます緊張して硬くなるという悪循環に陥るのです。

そして実は、骨も新陳代謝を繰り返しています。それは古い骨を溶かす「破骨細胞」と、新しく骨を形成する「骨芽《こつが》細胞」の相互作用によるもので、骨につながる筋肉がしなやかに伸び縮みすることで骨芽細胞が活性化し、丈夫な骨が育つことも明らかになっています。そのため、硬直した筋肉をケアしてゆがみのない

硬く縮んだ骨格筋に引っ張られて
年齢とともに姿勢がどんどんゆがむ

全身の骨格は、骨に付着した筋肉によって動かされ、これによって真っすぐに安定した姿勢が保持されている。ところが体の前側の筋肉が加齢によって硬く収縮すると、姿勢はだんだん前かがみに。これが顔や体の皮膚をたるませたり、脂肪を蓄積させ、老化現象の大きな要因となる。

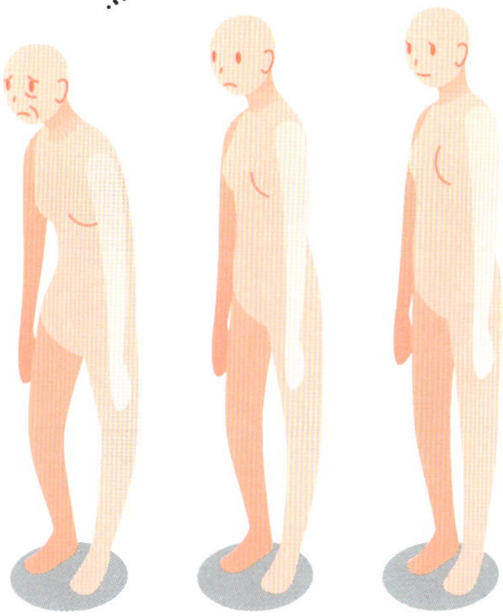

状態に整えることは、安定した骨格を保つためにも必要だと考えています。

　村木式メソッドでは、自分の手や指先で「骨を押さえる」ように筋肉の付着部をしっかりとらえ、動きを引き出し、じんわりとゆるめます。また場所によっては、適度な圧で骨に直接アプローチする骨格矯正の手法で、ゆがみを整えます。

　こうした結果、筋肉は弾力を取り戻し、周辺の血流やリンパの流れも促されて、肌は内側からリフトアップ。脂肪の代謝もスムーズになります。日々のメンテナンスで骨格をあるべき位置に整え、正しい姿勢で日々の生活を送れるようになることが、村木式で老化悩みを根源からストップできる理由なのです。

リンパ lymph

筋肉のポンプ機能で巡りを改善し
全身を細胞レベルで若返らせる

筋肉の硬直や、緊張状態によって起きるむくみは、意外にも老け見えの大きな原因に。その一つのカギを握るのが、全身を巡るリンパの流れです。

リンパとはもともと、血管からしみ出た液体（血漿《けっしょう》）成分。細胞を巡って異物や老廃物などを回収しながらリンパ管に取り込まれ、経由するリンパ節でろ過されつつ、合流を繰り返して、最終的には心臓へ戻ります。

ところが大半のリンパ管には、リンパを自力で流す力も、また心臓が血液を押し流すような働きもありません。隣接する筋肉がポンプのように働き、重力に逆らってリンパを押し流しているのです。

そのため、筋肉が硬くなってリンパや血液が滞ると、周辺には余分な水分や老廃物がたまり、むくみます。すると筋肉の動きは阻害され、巡りがますます滞る

全身を巡るリンパの流れ

悪循環に……。細胞には十分な酸素や栄養が行き渡らず、代謝が低下してセルライトがたまり、皮膚のたるみなどの老化現象も引き起こします。

細胞レベルでアンチエイジング効果を狙うためにも、筋肉の弾力を取り戻す日々のケアは必須。リンパと血液をスムーズに巡らせて、若さを保ちましょう。

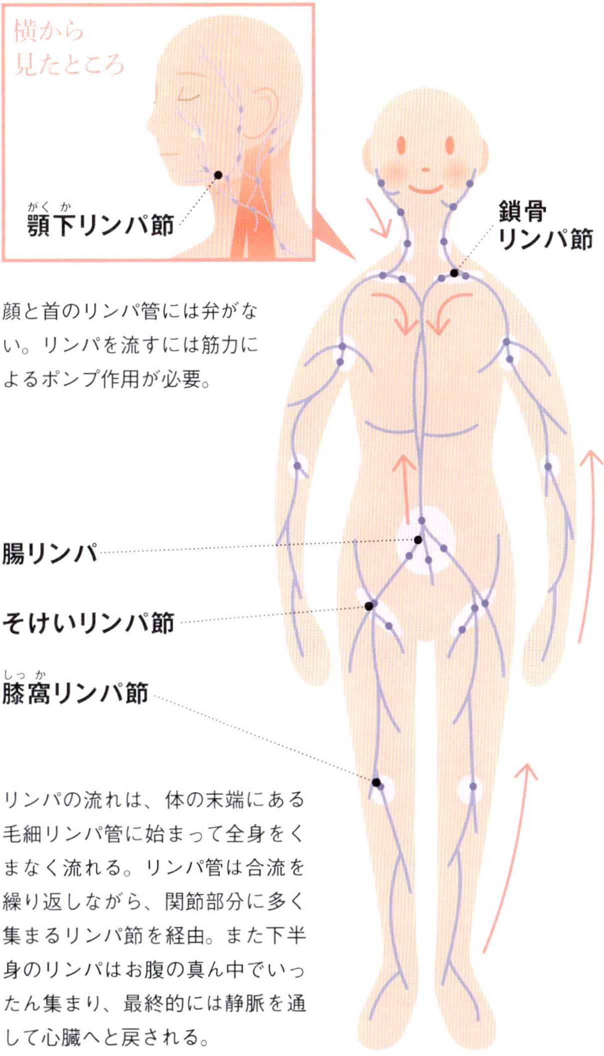

顔と首のリンパ管には弁がない。リンパを流すには筋力によるポンプ作用が必要。

リンパの流れは、体の末端にある毛細リンパ管に始まって全身をくまなく流れる。リンパ管は合流を繰り返しながら、関節部分に多く集まるリンパ節を経由。また下半身のリンパはお腹の真ん中でいったん集まり、最終的には静脈を通して心臓へと戻される。

ケアの実力を検証！

雑誌『日経ヘルス』編集部では、顔とボディそれぞれにエイジングの悩みを抱える読者のセルフケアプロジェクトを実施。その結果、たった1回のチャレンジでも、その場で明らかな変化が！ さらに2週間、自宅で続けた驚きの結果をレポートします。

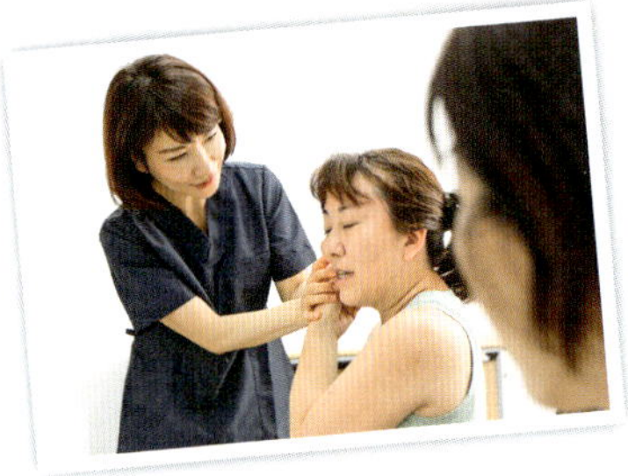

Megさん（36歳）

これをチョイス！ セルフケア *MENU*

顔筋ケア

フェイスラインのたるみ ▶ *P64*
ほおのたるみ ▶ *P66*
口角の下がり ▶ *P68*

整筋ケア

姿勢改善 ▶ *P92*　二の腕 ▶ *P114*

食事制限などは一切せず 二の腕1cm＆ウエスト6cm減 体重もマイナス1.7kgに！

顔筋ケアは、どこでもすき間の時間で「ながらケア」できるのが簡単！ 最初は顔が筋肉痛になりましたが、2、3日で、悩みの肌荒れが改善してスベスベに。あごのたるみも減り、家族には「表情が豊かになった」と言われました。

ボディでは、やせにくいのが悩みだった二の腕をケアすると姿勢がピンと伸び、サイズが1cmも細くなってうれしい！ 食事制限などの無理ながまん一切なしでウエストはなんと6cm減、体重も1.7kg減って本当に驚きです。

村木式セルフ

maroonさん（52歳）

これをチョイス！ セルフケア *MENU*

顔筋ケア

ゴルゴライン ▶ *P40*
フェイスラインのたるみ ▶ *P64*
ほおのたるみ ▶ *P66*

整筋ケア

姿勢改善 ▶ *P92*　下腹 ▶ *P104*

顔筋の動きがよくなって ほおも目もリフトアップ！ 下腹は6cmサイズダウン

1回のケアで目がくっきり、ほおのラインも全然違ったのが衝撃で。ほお肉が重すぎて笑顔をつくれなかった前に比べ、顔筋がスムーズに動くのを感じます。首やデコルテも引き締まり、娘に「顔がやせた」とほめられました！顔筋だけでなく、お腹まわりのケアも当初は激痛でしたが、痛みがやわらいだことで滞りの改善効果を実感。仕事着のパンツがだんだんゆるくなり、下腹は2週間で6cmも減りました！

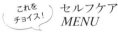

凝り・姿勢のバランスが改善！

1回のケアを終えただけで
口角とほおが引き上がった

左半分だけをセルフケア後
顔の片側だけがアップ

Before

After
2週間で

After
2週間で

Before

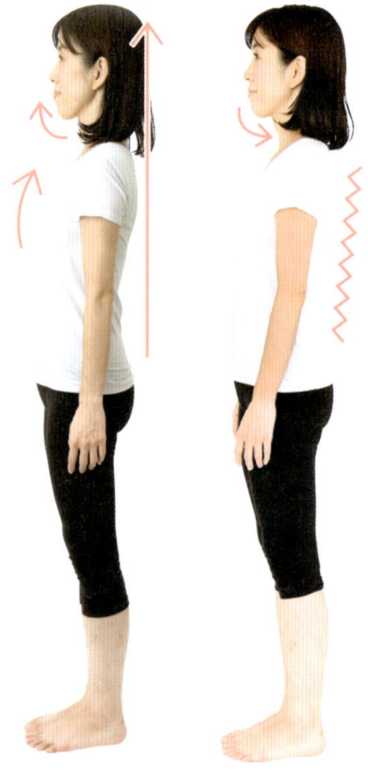

Nさん（45歳）

これをチョイス！ セルフケア
MENU

顔筋ケア

フェイスラインのたるみ ▶ *P64*
ほおのたるみ ▶ *P66*
口角の下がり ▶ *P68*

整筋ケア

姿勢改善 ▶ *P92*　猫背 ▶ *P94*

肩や背中に鉄板が入ったような 20数年来の凝りが消えた！ 朝の目覚めもよく心身は絶好調

デスクワークによる慢性的な凝りが長年の悩みでした。体は常に緊張して、朝起きた直後から疲労感でガチガチ。そのためか、ボールを使ったケアの当初はもみ返しや、姿勢のバランスが一時的に変わったのか腰痛もありました。けれど2、3日で痛みが落ち着くと、凝りが消えて背中が本当に軽い！　朝も爽快で、毎日気分よく過ごせます。お金もかからないし、セルフケアが気持ちよすぎて、朝晩の欠かせない習慣になりました。

2週間チャレンジ

顔も体もほぐれて慢性の

顔の疲労感がとれて視界もクリアに！ 姿勢もよくなってハーフマラソンを走破

「首が鶏のように出てる」と言われるほど猫背だった私。疲れると目が落ちくぼみ、老化を感じていました。顔のケアではPC作業の合間に行うたび、筋肉がどれだけ凝っていたかを痛感。ほぐした後は、目がすっきり開くのがわかります。胸も自然に張れるようになり、仕事が多忙な時期の肩や背中の凝りや、趣味のマラソンによる筋肉痛もなくなりました。すっきり軽い体で、次はフルマラソンを目指します！

Before

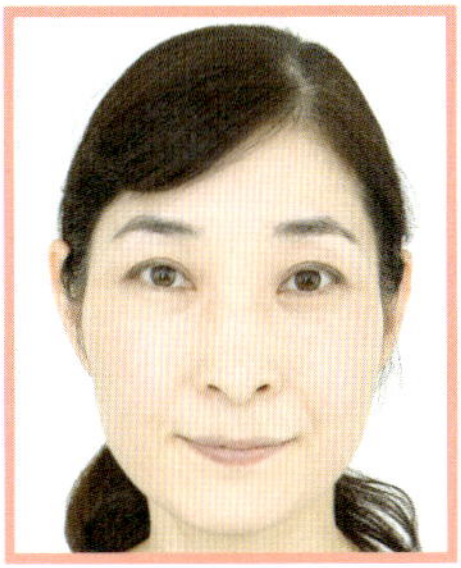

After 2週間で

After 2週間で　Before

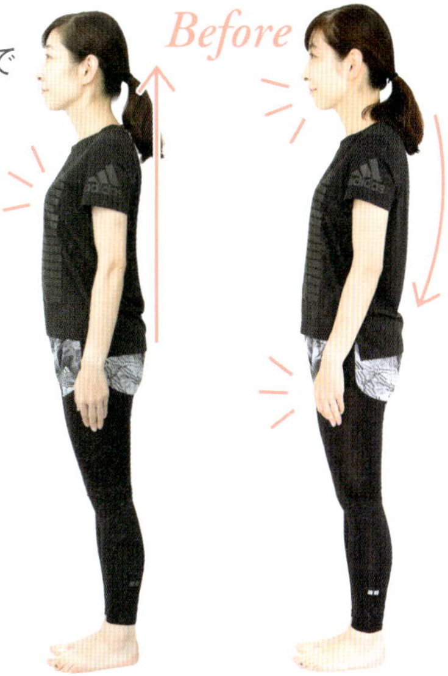

ともさん（46歳）

これをチョイス！ セルフケア *MENU*

顔筋ケア

基本の若返り顔筋ケア ▶ *P30*

整筋ケア

姿勢改善 ▶ *P92*　猫背 ▶ *P94*

オバさん背中 ▶ *P116*

After　Before

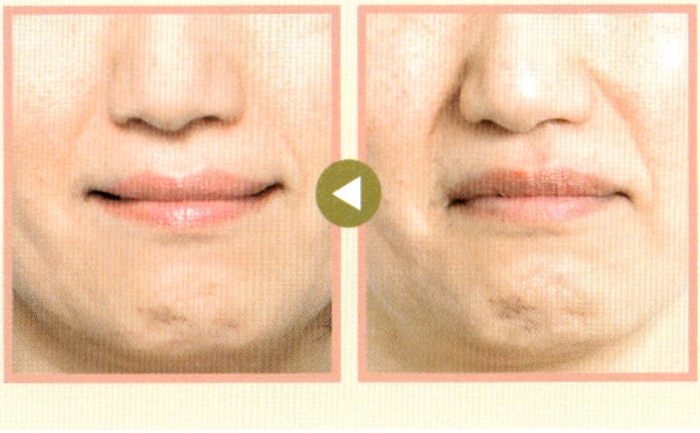

村木式 顔筋セルフケア ゆがみ改善効果の真実！

編集K（当時52歳）が、口元のほうれい線（P38）、ゴルゴライン（P40）のケアを3週間実施。強い食いしばりグセによる口のゆがみが改善され、村木式の骨格矯正効果がここでも明らかに。

村木式メソッドが誕生するまで

体の内側から輝く本当の美しさを より確実で手軽なセルフケアに求めて

すべてはコンプレックスから始まった

村木式メソッドの恩恵をいちばんに感じているのは、もしかして私自身かもしれません。コンプレックスを元に、本当の美しさを探求してたどりついたのが「セルフケア」という真実でした。

20代の頃は、とにかく顔が大きいのが悩み。中学時代からのニキビもひどく、毎日ファンデーションをこってり厚塗りして隠していました。「やせれば顔も小さくなる」と思い込み、無理なダイエットで拒食症寸前になったことも……。ただ、体形に比べて体重が重かったわけではないんです。今思えば、当時は異常にむくみやすい体質で、顔もゆがみでパンパンに張っていたんですね。

そんな中、少しでも美に近づきたい一心で美容業界に就職。エステティシャンとして、リンパトリートメントの施術を行うようになりました。とはいうものの、表層をなでるだけの一般的な施術には、当初から限界を感じていたのも事実でした。

視野が開けたのは、美容医療クリニック併設のエステで勤務し始めた30歳の頃。最新の美容機器で〝すぐに結果が出る〟施術を目の当たりにして、ハンドトリートメントでも「もっと満足度が高く、即効性のある手技」を追究するようになったのです。ちょうど私自身も、たるみやシワなどの老化悩みが増え始めた時期。何か疑問があれば、周囲のドクターからいつでも医学的なアドバイスをいただけるありがたい環境にも恵まれ、これらをエステのメニュー構成に反映していきました。

「本当に効果のある」施術を求めて

エステティシャンとして忙しい日々を送る中でも、評判のいい整体や治療院の話題を聞いては試しに行くリサーチも欠かしませんでした。施術を受けながら先生方に教えを乞い、いいものは自分のメソッドへも積極的に応用。こうした情報収集は、昔も今も変わらずに行っています。

その中で見いだしたのが、硬直した筋肉をほぐしてゆるめる、セルフケアのアプローチです。仕事柄、前のめりになる姿勢が多く、首や肩の凝り

Before 20代

デカ顔が悩みだった20代。細い目や団子鼻など、すべてがコンプレックスでした。

After 49歳

骨格が矯正されると、顔に立体感が生まれてむくみは消え、悩みが根本的に改善。フェイスラインもシャープに。

がひどかったのですが、根底には顎《がく》関節の「食いしばり」があるとわかったんです。これが顔の老化にも影響すると知り、大きな衝撃を受けました。筋肉へのアプローチで確実な効果は出るように

顔の凝りがほぐれ、筋肉の弾力が復活することで表情も豊かに！ 性格も明るく前向きになったのを実感しています。

なりましたが、次に気になり始めたのが〝リバウンド〟。効果を一時的なものにしないためには、やはり骨格から改善する必要があると考え、「骨格矯正」を学び始めたんです。仕事の後や休日も、空き時間はすべて勉強時間に費しました。

また、当時の私が強く感じていたのが、股関節まわりのゆがみです。そこで「骨盤矯正」の先生からご指導をいただくことで、股関節はもとより、顔の老化悩みに対しても確実な効果を得られるようになったんです。全身をトータルで考え、、骨格レベルでより深いアプローチを考えるようになったのがこの頃だったと思います。

より深く確実な筋肉へのアプローチを

「筋肉をほぐして骨格を整え、キープする」というメソッドの追究において、解剖学的な興味は、とどまるところを知りません。その後は「メディカルストレッチング」のほか、特に「コンディシ

ョニング」の運動理論にも深い感銘を受け、筋肉の動きや使い方についての理解を深めました。

ここで学んだのは、筋肉の弾力を取り戻すことで、関節から内臓までが本来の正しい位置に戻り、全身がベストなコンディションに整うということ。私自身、筋肉の〝クセ〟や〝使い方〟を意識することで、これまで改善しきれなかった凝りなど、さまざまな悩みが良くなるのを実感しました。

ただし、どんなに良い方法だとしても、仕事の施術で疲れた後のセルフケアでは、極力、力を使いたくないのが本音です。そこで、筋肉を「とらえて動かす」手技に着目。ここに至って、筋肉を深層からほぐして骨格を整え、リンパの流れを促す、村木式メソッドの現在形が完成しました。

体も心も美しくなる喜びを多くの人へ

より良いメソッドの追究に、今でも終わりはありません。ありがたいことに、これまで多くの女優やモデルの方々に施術をさせていただきましたが、ご自身の変化を日々、客観的に観察する姿勢には多くの気づきをいただきます。お顔の繊細なバランスを整えるお手伝いをすることも、村木式がより細かく、確実なアプローチへとブラッシュアップしてきた理由のひとつだと思います。

私自身、セルフケアで骨格が根本的に整った今は、顔がむくむこともありません。全身がいい状態にキープされているので、調子が悪いときも、少々のケアですぐ戻せるようになりました。体が軽くなると、メンタル面の調子も改善し、性格も明るく前向きになったのも大きな変化です。

全身が若返ると、心まで軽く、楽しい気分になります。そんな喜びを、より多くの皆さんにお伝えしたい……。そんな思いで、この本を作りました。私と同じように、エイジングのお悩みを抱える皆さんのお役に立てていただけたなら、これほどうれしいことはありません。

村木式

ゴッドハンドの手技をおうちで再現

村木式マッサージの特徴のひとつが、手のさまざまな形から生み出されるゴッドハンドテクニック。ほぐしたい部位にフィットさせつつ圧をかけ、深層からじんわりもみほぐす極上の手技を、誰でも簡単に再現できるコツをご紹介します。

ほぐしのグー

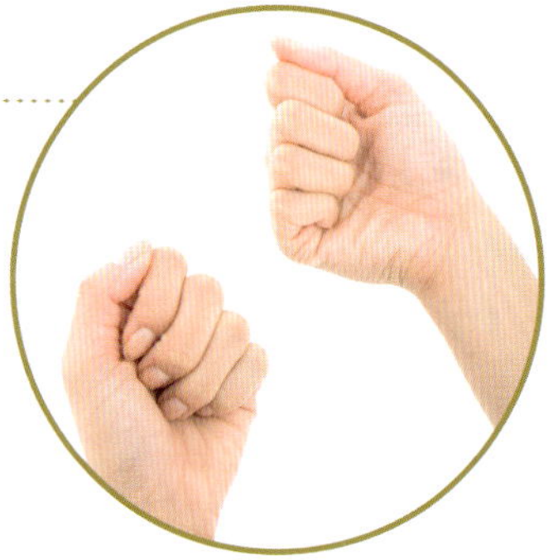

指の面でさすり上げ関節でグリグリほぐす

手を軽く握り、親指以外の指4本をぴったり合わせてこぶしをつくる。第一関節と第二関節の間にできる「面」を使うときは、円を描いてすり上げるようにマッサージ。人さし指の関節を使って、狙った部分をピンポイントにほぐすことも。

手重ねうにうに

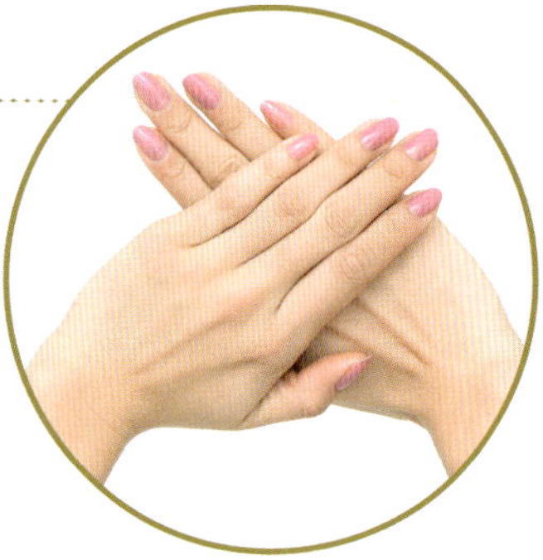

自分の体重を使ってしっかり楽に圧をかける

両手を重ね合わせて、その上から体重をかけてほぐす方法。吐く息に合わせて圧をかけたり、円を描きながらリズミカルにほぐす場合もある。腕の力をあまり使わないので、力が弱い人でも疲れることなく、しっかり圧がかけられる。

ポイントつかみ

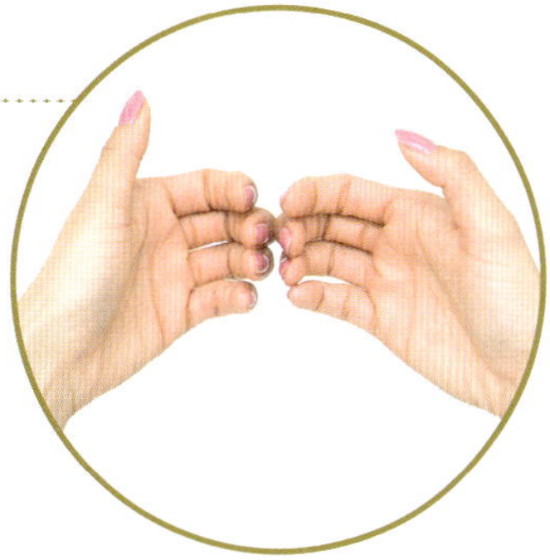

指を垂直に食い込ませて筋肉を揺らしてほぐす

親指以外の指4本をそろえて指先を立て、筋肉に食い込ませながら揺らす方法。ポイントは、筋肉の走行に対して横に揺らすこと。少ない力でも筋線維へ垂直に圧をかけ、効果的にほぐすことができる。セルフケアでは脚をほぐす際に使用。

カギ指

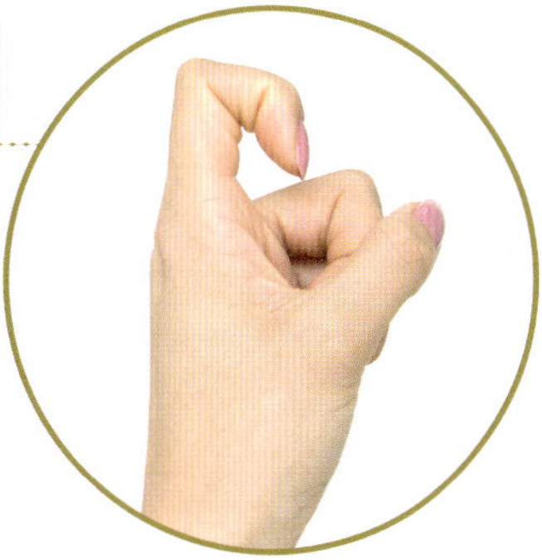

平らな面を引っかけたり圧をかけてもみほぐす

こぶしの人さし指をカギ形に曲げ、第一関節と第二関節の間にできる平らな面。ここを使えば、指の腹より少ない力で、深層までしっかり圧をかけられる。側面を引っかけたり、親指も使ってはさむバリエーションも。

指先つまみ

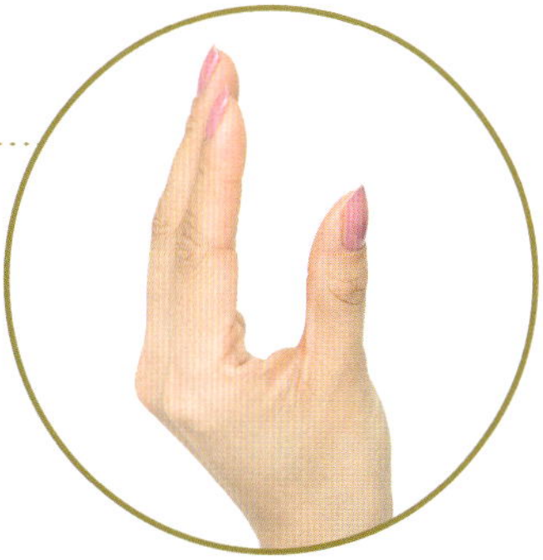

奥深くからしっかりつまんでホールド

親指と4本の指で、脂肪がたまったり、硬く凝った部分を深くつまむ手技。つまんだまま体を揺らせば、つまんだ部位がほぐせる。腕の力が必要ないので、深層部まで楽にほぐせるのがポイント。

column1

村木式アンチエイジングケアメソッド

セルフケアの効果を高めるポイント

呼吸は止めずに

一生懸命ケアに集中するあまり、呼吸が止まったり、浅くなってはいませんか？　顔や体の別の部位が緊張してしまう原因にもなるので、セルフケアの最中はゆっくり深い呼吸を心がけて、リラックスした状態で行うことが大切です。

姿勢は正しく

背中を丸めたり、体が傾いた状態でのケアは効果が半減。筋肉を効果的にゆるめ、骨格のバランスを整えるには、正しい姿勢をキープすることが重要です。難しく考える必要はないので、体の余分な力を抜き、真っすぐ正面を向くことを意識しましょう。

鏡を使う

微細な表情筋が集まるフェイシャルケアの場合は特に、左右がアンバランスでない状態で行うことを意識したいもの。ポイントは、顔を真っすぐ正面に向けること。特に慣れないうちは鏡を使って、位置を確認しながら行うのがお薦めです。ケアの即効性を自分の目で確認できるので、継続するモチベーションにもつながりますよ。

Part 1

アンチエイジング 顔筋メソッド

face

で若返る理由とは?

長年の施術経験からいえば、顔にゆがみのない人はほとんどいません。例えば、大多数の人が無意識のうちに行う「食いしばり」のクセ。これが顔の筋肉を緊張させて頭蓋骨をゆがませ、さまざまな老化現象を招くのです。ここでは、顔を「若見え」させる条件とともに、村木式による顔面のアンチエイジング効果をご紹介しましょう。

1 ゆがみのない左右対称な表情に

口元がゆがんでいたり、鼻が曲がっていると、視線はついそこへ集中してしまうもの。人間の脳は本能的に、左右対称で配列のいい顔に好感を持つことが研究でも明らかになっているように、ゆがみのない顔は美しさの必要条件。加齢とともに硬くなる筋肉をほぐせば、いきいきと若やいだ、豊かな表情もよみがえります。

2 顔の自然な丸みと立体感

硬直した顔の筋肉は骨格を引っ張り、ダランと間延びした表情に見せてしまいます。

村木式 顔筋メソッド

若々しい顔に必要なのは、赤ちゃんのように丸みのあるおでこや、立体感のあるほお。日々のセルフケアによって、顔面を骨格レベルからリフトアップさせましょう。

3 くすみのない肌のみずみずしさと弾力

顔を若々しく見せるには、ハリと弾力のある肌がマスト。また、リンパや血液がスムーズに流れてこそ、みずみずしく透明感のある肌が保てます。年齢とともに疲れが出やすい肌を根本的に立て直すためにも、やはり硬くなった筋肉をほぐすことが重要。周辺の巡りをよくして肌細胞の代謝サイクルを整え、肌の潤いや弾力を取り戻すことで、たるみやシワも内側からふっくらと持ち上げて若返らせるケアが可能です。

鏡を使って Check!

顔面バランスを確認

正面から見て左右差があれば、顔にゆがみがある状態。セルフケアを習慣にしたら、その成果を確認する方法としても活用してみましょう。

眉の位置

眉頭に親指の腹を当てて比較。左右の高さが違えば、ゆがんでバランスが崩れている可能性大。

口元の高さ

口元はゆがみの出やすい部分。口角の端に人さし指の先を当て、左右差をチェックして。

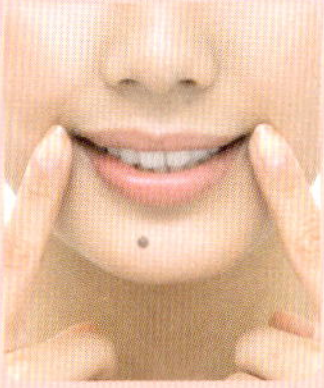

顎関節のバランス

耳後ろのくぼみ〜エラに親指を沿わせて短く感じる方があれば、筋肉が縮んでいる証拠。

若返り顔筋ケア

ここでは、村木式のなかでも著者自身が欠かさず行う基本ケアをご紹介。時間がないときは以下を、1つだけでも構いません。お風呂でも手軽にできるので、継続したケアで根本的なアンチエイジング効果を狙いましょう。

若見せ3大ポイントケア

まずはこれだけ1分!

POINT1 ゆがみを矯正する…… P32

ほお骨から側頭部につながり、緊張しがちな筋肉をゆるめます。骨格のバランスが整うと、たるみやほうれい線もリフトアップ。ハリのある肌を支える土台をつくるためにも、ぜひ行いたいケアです。

POINT2 たるみを引き上げる‥ P34

そしゃく筋の「咬筋」や、あごから首に広がる「広頸筋」が緊張して硬くなると、顔が横に引っ張られてゆがみ、たるむ原因に。筋肉をほぐして柔軟性を取り戻せば、口角もキュッと引き上がります。

POINT3 目をぱっちりさせる… P35

目を開けるとき、無意識におでこの筋肉を使いがち。すると表情筋がうまく使えず、まぶたや顔全体が垂れ下がります。意外なほど凝りやすい部分なので、ここをほぐすだけで顔を楽に動かせますよ。

お風呂で
できる!

基本の

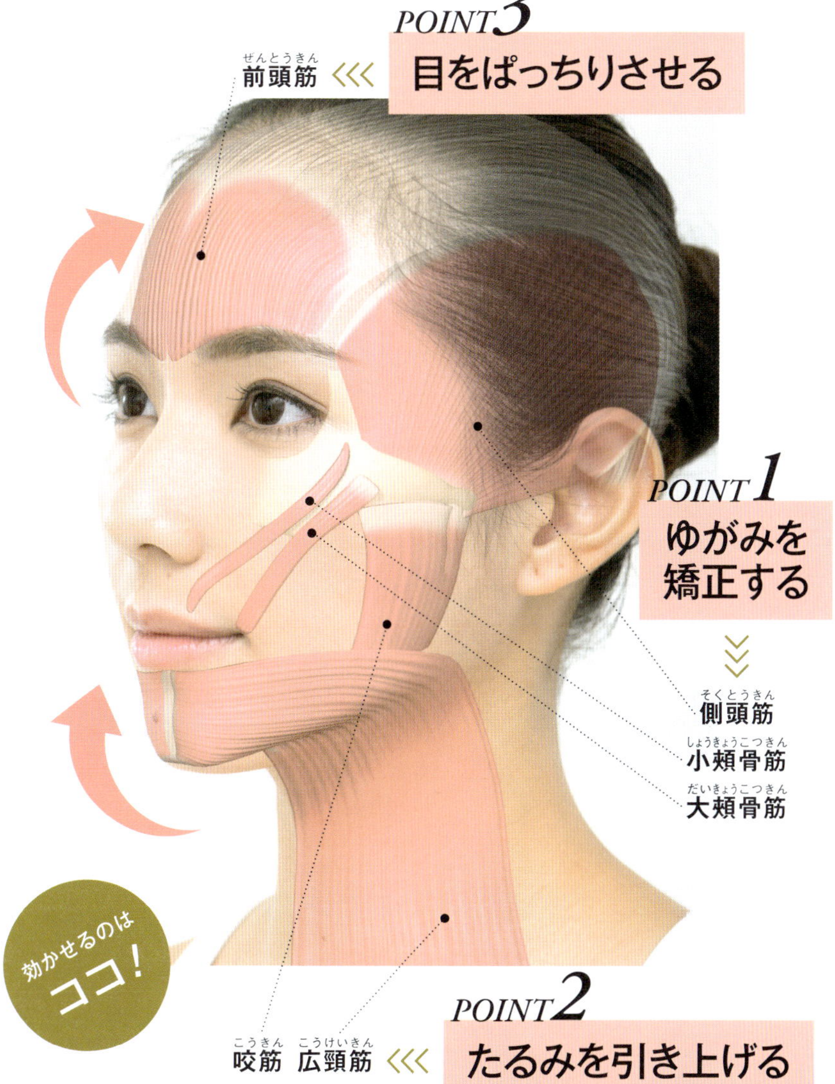
POINT3
目をぱっちりさせる
前頭筋《ぜんとうきん》
POINT1
ゆがみを
矯正する
側頭筋《そくとうきん》
小頬骨筋《しょうきょうこつきん》
大頬骨筋《だいきょうこつきん》
効かせるのは
ココ!
POINT2
たるみを引き上げる
咬筋《こうきん》
広頸筋《こうけいきん》

まずはこれだけ1分!

POINT1 ゆがみを矯正する

ほお骨で交差する複数の筋肉をとらえながら、口を動かしてほぐします。ケアした後は、あごの関節がスムーズに動くことを実感するはず。

1 両手で頭をはさむようにして親指はほお骨の下に

両手の親指を大きく開いて、指の腹をほお骨の下に置く。4本の指は側頭部に添えて位置を固定し、両手で頭をはさむようなポジションをつくる。

2 親指で圧をかけながら「あぐあぐ」と口を動かす

ほお骨の先から1.5cmくらい下のところから、親指の腹で斜め上に圧をかけながら、口を大きく「あぐあぐ」と開け閉めして（声は出さなくてOK）、これを6セット繰り返す。4本の指は固定したまま、さらに親指の位置を後ろにずらしながら4カ所を同様に行う。

6セット × 両側 4カ所

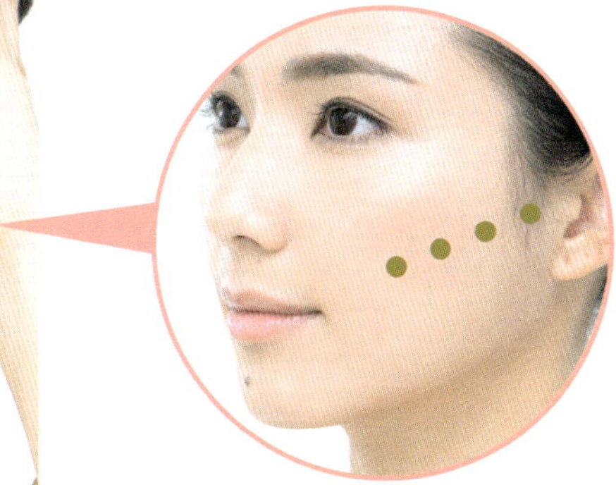

ほお骨の下から斜め上に押し上げ、親指の腹を骨に引っかけるのがコツ。ほおの筋肉をしっかりとらえながら、ほお骨に沿って、耳の前のくぼみまで4カ所に分けてほぐす。

POINT2 たるみを引き上げる

普段から大きな力が加わり、硬直しやすい「咬筋」を中心にゆるめます。特に下側は硬くなりやすいため、意識してしっかりケアを。

1 咬筋に反対側の親指を引っかけて固定する

ほお骨の下にある、口を開閉したときに動く筋肉（＝咬筋）のへりのくぼんだ部分を反対の手の親指でとらえる。4本指は軽く握ってエラ骨に引っかける。

2 筋肉をとらえながら「あぐあぐ」と口を開け閉め

咬筋をしっかりはさみ押さえながら「あぐあぐ」と口を開け閉めして（声は出さなくてOK）、6セット繰り返す。

6セット × 計6カ所

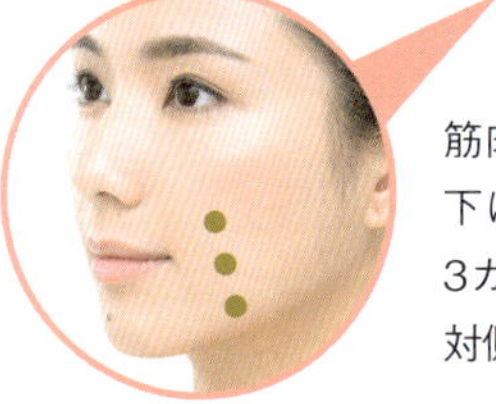

筋肉に沿って親指を下にずらしながら計3カ所で行ったら、反対側も同様に。

*POINT*3 目をぱっちりさせる

頭頂部の筋膜からつながるおでこの筋肉をほぐし、たるみを根本からケア。顔の緊張もやわらぐことで、目がぱっちり楽に開きます。

両こぶしでおでこをクルクルともみほぐす

各5回×3列

眉頭の上に、両こぶしの平らな面を当てる。奥にある骨を感じながらクルクルと5回もみほぐし、位置を少しずつ外側にずらしながら、こめかみまで4カ所に分けてほぐす。さらに、おでこの真ん中、生え際も、顔の中心から外側に向かって同様に繰り返す。

こぶしをつくったとき、指4本の第一関節～第二関節間の平らな面を使う。

for the face

ほうれい線のケア

ほうれい線はシワと思いがちですが、実は皮膚のたるみが引き起こすのがおもな理由。ほお骨の周辺にある筋肉が衰えると、皮膚を支えきれずに垂れ下がるのです。気になる部位に合わせてターゲットを絞り、肌を内側から引き上げて。

① 口元のほうれい線 —— P38

食いしばりのクセで硬直した筋肉のゆがみを整え、垂れ下がったほおを筋肉本来の働きでリフトアップします。

② ゴルゴライン —— P40

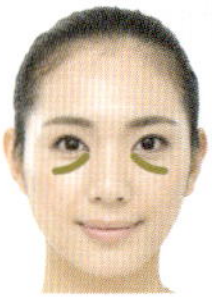

目頭から斜めに下がるたるみは、周辺の筋肉をほぐす・鍛えるの2ステップでケア。

③ 鼻の下のたるみ —— P42

鼻の下がたるんで伸びると、ほうれい線を深くして老け顔に。口元を取り囲む筋肉をほぐし、弾力を取り戻して。

④ マリオネットライン —— P44

操り人形のような口元からあごのラインは、口角を下げる筋肉をほぐすのがポイント。

⑤ 顔のむくみ —— P46

周囲にリンパ管が集まる首の筋肉をほぐして姿勢を整え、滞りを改善。むくみのないすっきりした顔に導きます。

この部分にアプローチ！

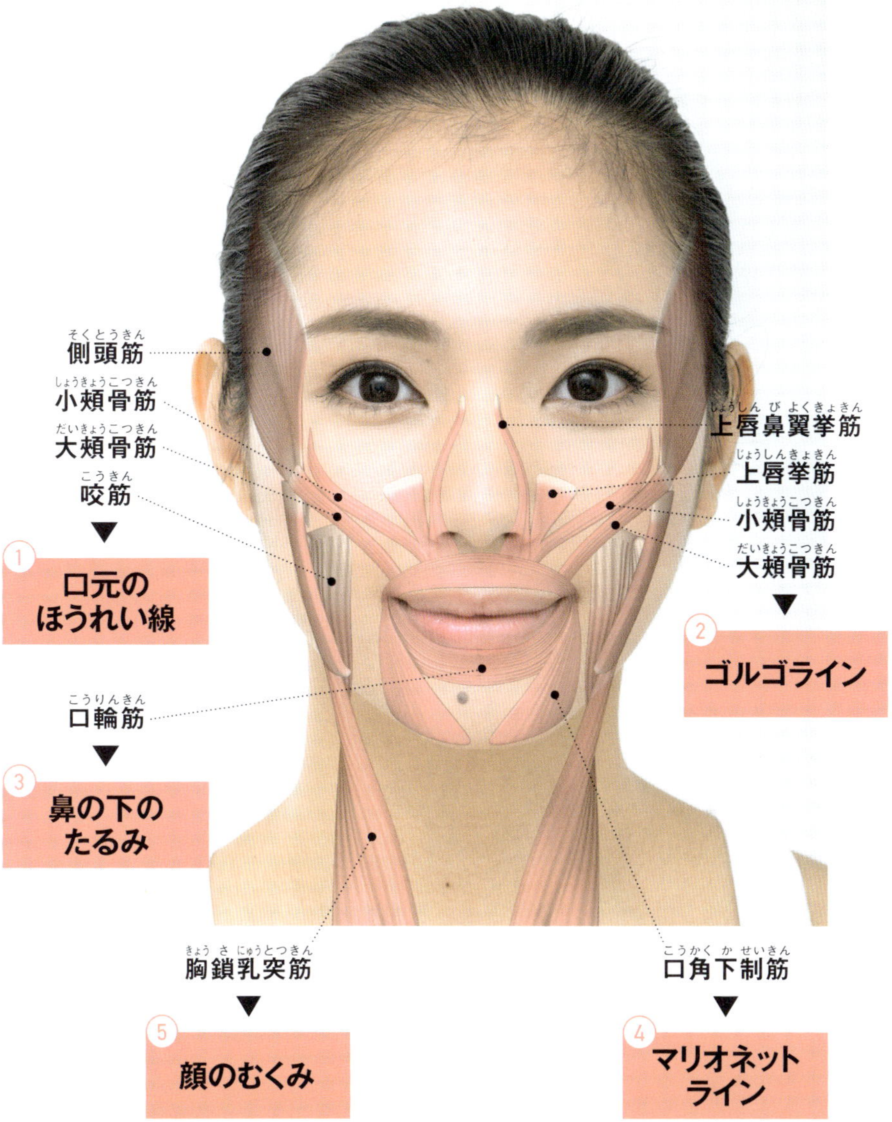

側頭筋《そくとうきん》
小頬骨筋《しょうきょうこつきん》
大頬骨筋《だいきょうこつきん》
咬筋《こうきん》
1
口元の
ほうれい線
口輪筋《こうりんきん》
3
鼻の下の
たるみ
上唇《じょうしん》鼻《び》翼挙筋《よくきょきん》
上唇挙筋《じょうしんきょきん》
小頬骨筋《しょうきょうこつきん》
大頬骨筋《だいきょうこつきん》
2
ゴルゴライン
胸《きょう》鎖《さ》乳突筋《にゅうとつきん》
5
顔のむくみ
口角《こうかく》下《か》制筋《せいきん》
4
マリオネット
ライン

口元のほうれい線

口元をゆがませる筋肉の凝りを内側からほぐす

1 口に親指を入れて筋肉をはさむ

横から見たところ

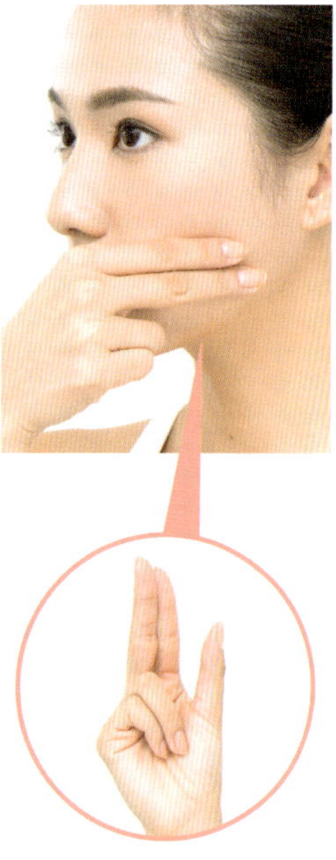

親指はほおの内側から、人さし指と中指はそろえてほおの外側に当てる。

ほおの内側に、清潔にした反対側の手の親指を差し入れ、人さし指と中指をそろえて、ほおの外側に当てる。さらに口を軽く開け閉めして筋肉が動く部分を確認し、指先ではさむようにとらえる。

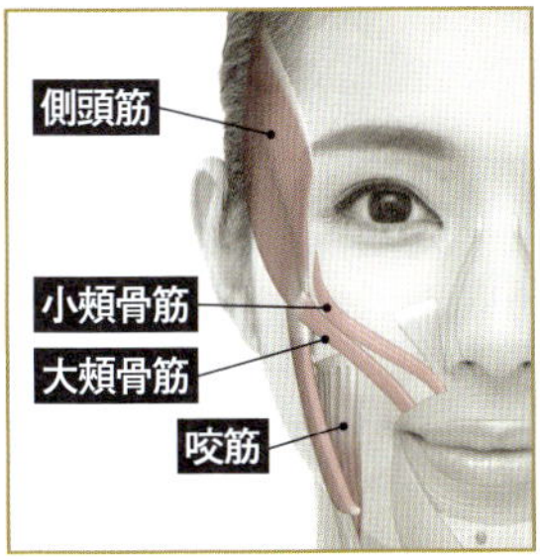

アプローチするのはココ！

ほお骨に付着する筋肉を口の内側からとらえて動かしながら、食いしばりのクセで硬直した筋肉をケア。口角を引き上げる「大《だい》・小頬骨筋《しょうきょうこつきん》」や、かむときに働く「咬筋《こうきん》」「側頭筋《そくとうきん》」の弾力を取り戻してゆがみを整え、垂れ下がったほおを筋肉本来の働きによってリフトアップします。

2 あごを「あぐあぐ」と開け閉めして筋肉の凝りをほぐす

筋肉を指先ではさんだまま、あごを「あぐあぐ」と言いながら（声は出さなくてもOK）開け閉めして5セット行い、イタ気持ちよさを感じながら筋肉の凝りをほぐす。指の位置をほお骨の方にずらしながら同様に繰り返し、反対側のほおも行う。

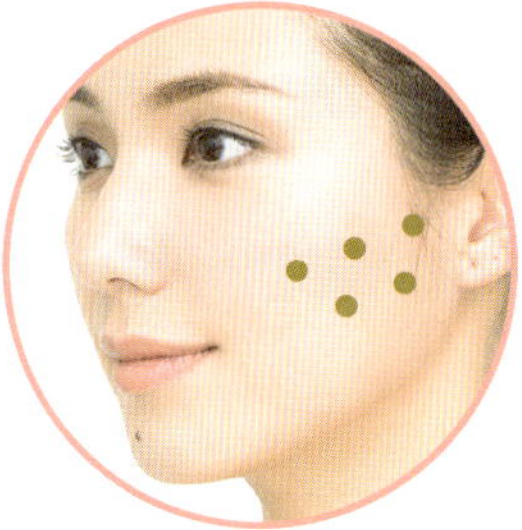

口を開け閉めして筋肉が動く部分の、口元側からスタート。位置をずらしながら、ほお骨の方に向かって左右で5カ所ずつ、計10カ所で行う。

5セット × 計10カ所

ゴルゴライン

垂れ下がったほおの立体感を取り戻す

1 指の側面をスライドさせて ほおの筋肉をほぐす

各5回
×
両側
16カ所

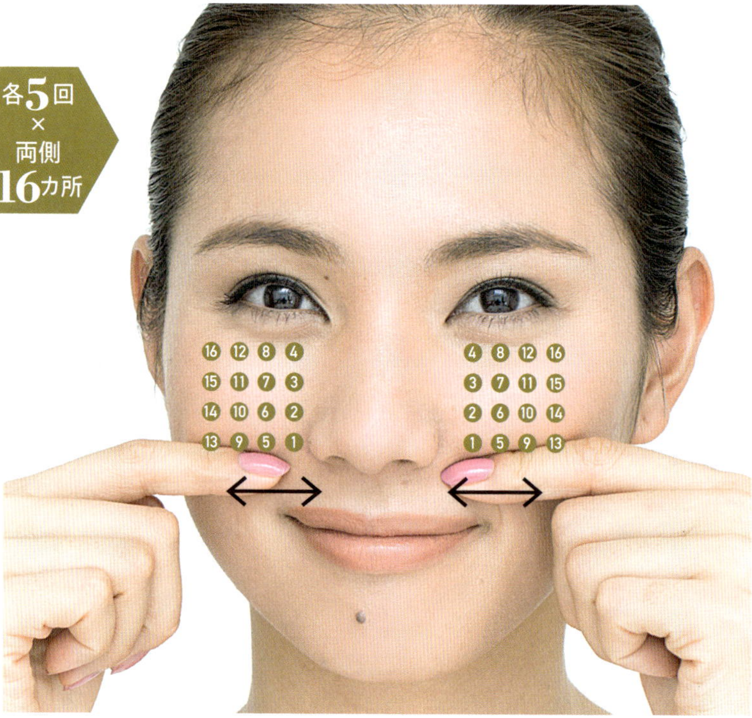

小鼻の脇に人さし指の第一関節をつけ、骨に押し当てるように2cmほど左右に5回スライドさせて、目頭に向かって下から上へ4カ所ほぐす。さらに少し外側に位置をずらしながら、目尻の方まで縦4列に分けて、下から上にまんべんなくほぐしていく。

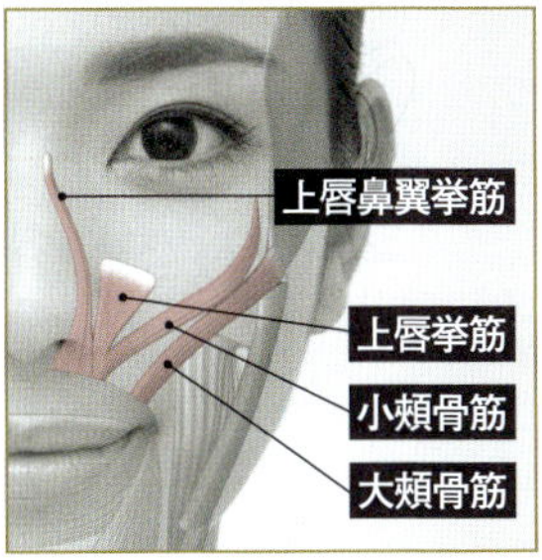

アプローチするのはココ！

目頭から斜め下に垂れ下がる「ゴルゴライン」は、鼻の脇にある「上唇挙筋《じょうしんきょきん》・上唇《じょうしん》鼻《び》翼《よく》挙筋《きょきん》」、ほお骨から口角をつなぐ「大《だい》・小頬骨筋《しょうきょうこつきん》」の衰えが大きな原因。硬直した筋肉をまんべんなくほぐし、スムーズな動きを引き出す2ステップのケアで、ふっくら立体的なほおが復活します。

2 指先で筋肉をとらえて「えおえお」と口を大きく動かす

人差し指と中指で小鼻の横の筋肉をとらえ、「えおえお」と口をはっきり大きく動かし、指先で筋肉の伸び縮みを感じながら10セット繰り返す。「え」では小鼻をふくらませるようにして前歯をしっかり見せ、「お」のときは鼻の下をしっかり伸ばして。1と同様に下から上へ、片側16カ所行う。

10セット × 両側 16カ所

鼻の下のたるみ

口のまわりの筋肉をほぐしてゆがみを整える

1 指の第一関節をぴったりつけて口まわりの筋肉を上下にほぐす

10回

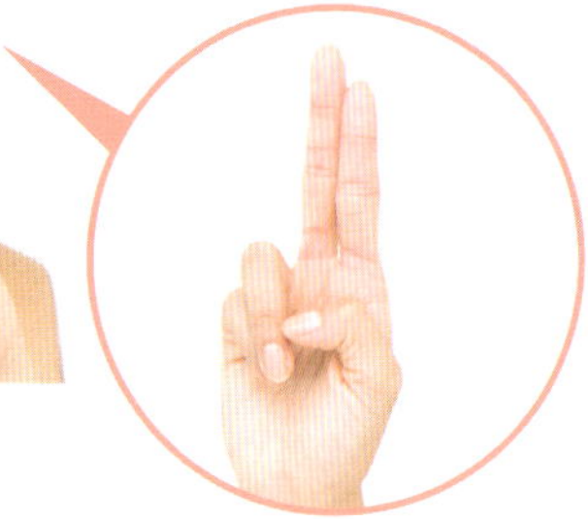

口をぐるっと囲む「口輪筋」の位置をイメージしながら、両手の指2本をそろえて、鼻の真下の中央に第一関節を当てる。鼻の下を伸ばして筋肉をしっかりとらえながら、指を小さく10回上下させる。

人さし指と中指をそろえ、第一関節の面全体で筋肉をとらえる。

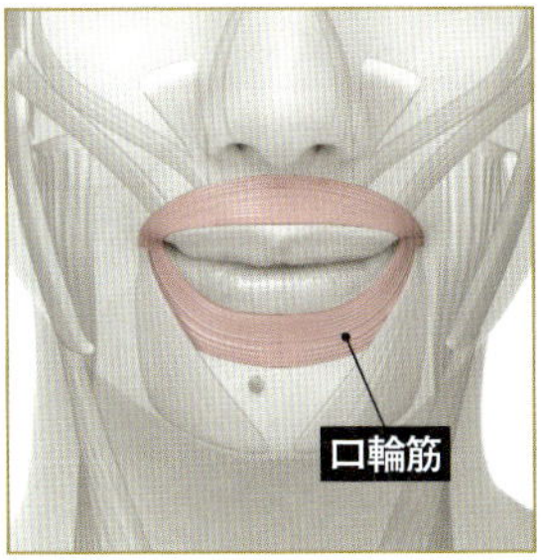

アプローチするのはココ！

年齢を重ねると、鼻の下がたるんで伸びてくることも老け顔に見せる要因。口のまわりを取り囲む「口輪筋《こうりんきん》」の衰えは、口元をゆがませてシワやたるみを引き起こす原因にもなります。ケアする際は筋肉の走行方向に対して垂直に、奥にある骨をほぐすイメージで行いましょう。

2 筋肉に対して垂直になるよう指の角度を変えて繰り返す

各10回
×
両側
4カ所

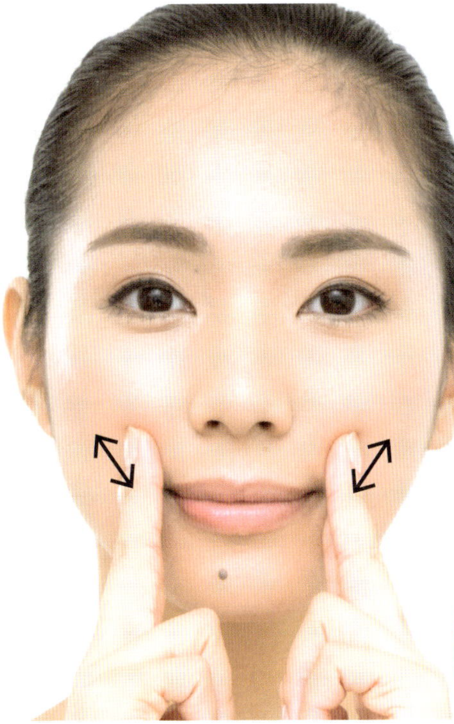

指の位置を少しずつずらし、10回上下させながら繰り返していく。ポイントは、筋肉に対して垂直になるように指を当てること。口角の方へ指をずらすときは、口輪筋のカーブに合わせて角度を変える。

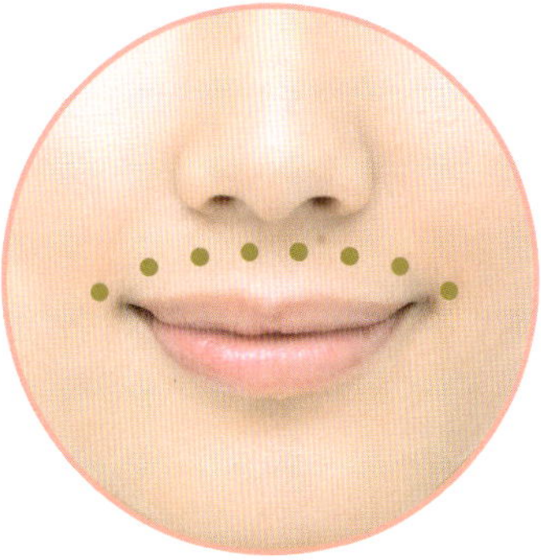

鼻の真下から始め、口角に向かって4カ所を左右同時に行う。

マリオネットライン

口元を下げる筋肉の緊張をほぐすのが近道

1 人さし指の第二関節で口角の下をグリグリとほぐす

人さし指をカギ形に曲げて、第二関節の側面を反対側の口角の下に当てる。親指はあご下の骨に引っかけ、あごをはさむようにホールドしたら、人さし指で「グリグリ」と5回、円を描くようにほぐす。

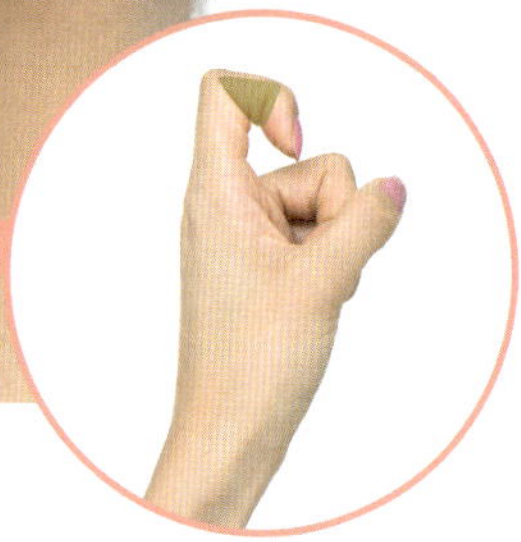

こぶしを握り、人さし指を立ててカギ形に曲げ、第二関節の側面を肌に沿わせる。

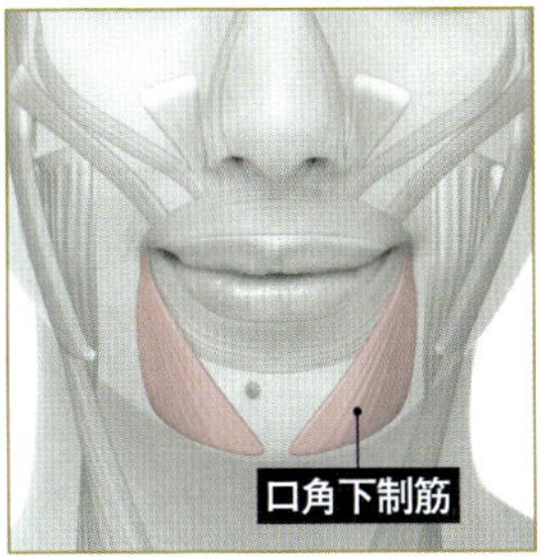

アプローチするのはココ！

口元からあごに向かって、縦のラインがまるで操り人形のようにくっきり伸びる「マリオネットライン」。対策は、その名のごとく口角を下げるときに働く「口角《こうかく》下《か》制筋《せいきん》」の硬直をほぐすこと。奥歯でかむときにも使われる筋肉なので、食いしばりがちな人にもぜひお薦めしたいケアです。

2 口角下制筋に沿って筋肉をとらえるように

各5回×計6カ所

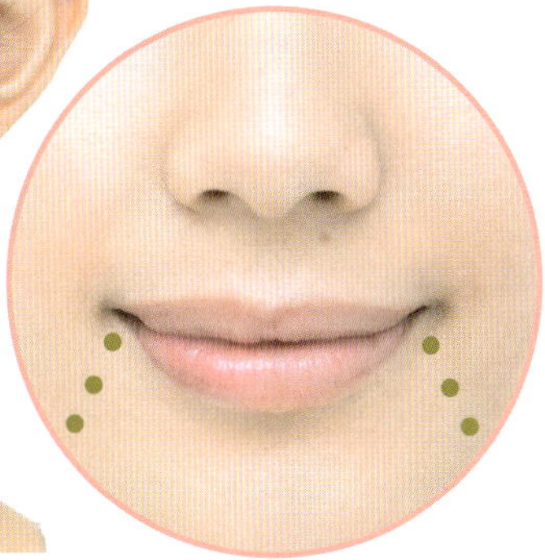

人さし指を下にずらしながら、皮膚の奥にある「口角下制筋」をとらえてほぐしていく。反対側も（左あごは右手で、右あごは左手で）同様に行う。

口角を横に引っ張って下げるときに働くのが「口角下制筋」。口角の下からあごの両端を結ぶ3カ所を分けてほぐす。

顔のむくみ

頸部リンパの流れを阻害する筋肉の硬直をオフ

1 両手で首をはさみ「胸鎖乳突筋」を親指で押さえる

両手で首をはさみ、親指で、耳の後ろから鎖骨の中心にある「胸鎖乳突筋」に横から圧をかける（頸動脈を圧迫しないように必ず横から押さえ、苦しく感じることがないように注意）。それ以外の4本指は、首の後ろの骨に置いて手を固定する。

後ろから見たところ

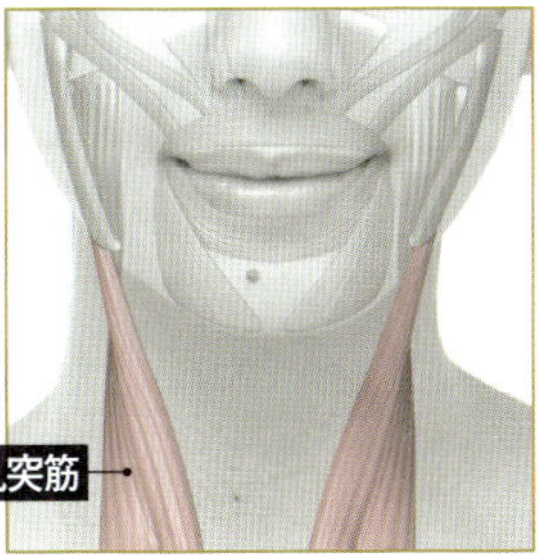

アプローチするのはココ！

前かがみの姿勢が多い日常生活では、頭の重みを支える首の「胸鎖乳突筋」が硬く緊張しがち。周辺はリンパ管が多く集まり、リンパの通り道でもあるため、ここをほぐせば、顔へ流れるリンパの滞りが改善。首が前に出てしまう悪姿勢も整い、むくみのないすっきりした顔にしてくれます。

2 首を「いやいや」「うんうん」と交互に振りながらほぐしていく

2セット×両側5カ所

親指で胸鎖乳突筋を押さえたまま、首を「いやいや」と小さく横に振り、これを5回繰り返す。続いて「うんうん」と小さく縦に振って、5回繰り返す。以上を1セットとする。1カ所につき2セット行い、位置を上にずらしながら繰り返す。

首を倒すと、耳の後ろから鎖骨の中心に浮き出る太い筋肉が「胸鎖乳突筋」。下から上までで5カ所を押す。

for the face

目元のケア

目のまわりには小さな筋肉が集まり、微細な表情をつくり出しています。特に最近では、デジタル機器の使用で日常的に凝っている人がとても多いこの部分。緊張をゆるめて衰えた筋肉を強化すると、目の健康維持にも大いに役立ちます。

① まぶたのたるみ ―― P50

目を開ける際につい使ってしまうおでこの筋肉と、目元の筋肉をダブルでケア。目を楽に開けられるように。

② クマ（目の下のたるみ） ―― P52

うまく使えずに衰えてしまった下まぶたの筋肉を強化。脂肪がたまりやすい部分をしっかりリフトアップします。

③ クマ（血行不良の青グマ） ―― P54

筋肉が動きづらい部分を効果的にほぐし、顔の中央に集中する血管のつまりを改善。目の疲れにもお薦めです。

④ 目尻のシワ ―― P56

目のまわりで酷使する筋肉の硬直をほぐし、皮膚の奥が縮むことによってできるシワをケアします。

⑤ 眉間のシワ ―― P58

眉の間にシワを寄せる筋肉の老化によって定着したシワは、硬直した部分をダイレクトにほぐすケアが効果的。

⑥ おでこのシワ ―― P60

前頭部の筋肉と頭頂部からつながる筋膜のトータルケアで緊張をゆるめ、頭皮からしっかりと引き上げます。

この部分にアプローチ！

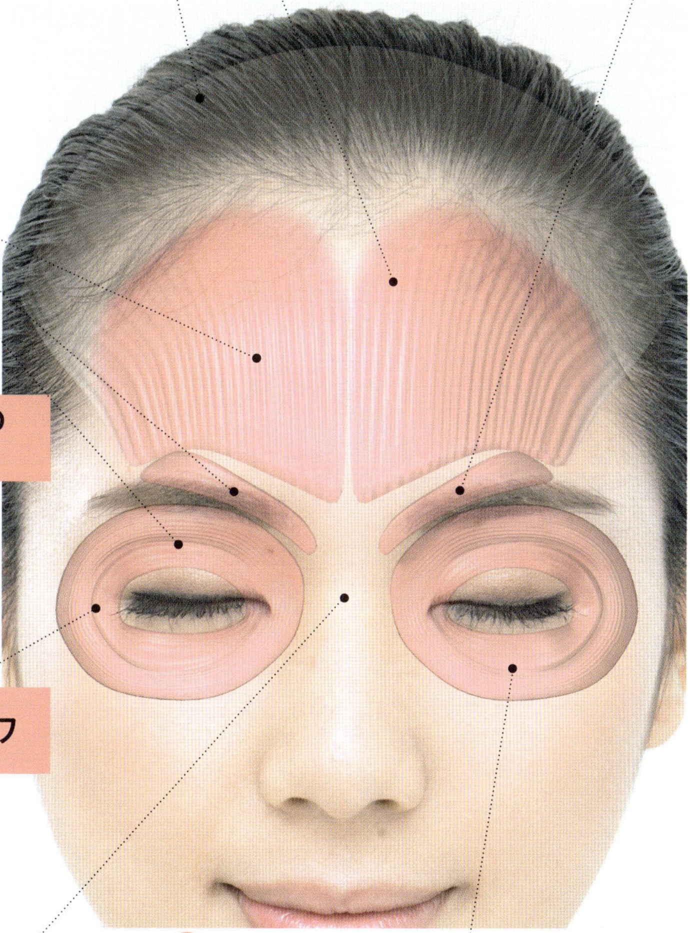

6 おでこのシワ ◀ 帽状腱膜《ぼうじょうけんまく》 前頭筋《ぜんとうきん》
5 眉間のシワ ◀ 皺眉筋《すうびきん》
前頭筋《ぜんとうきん》
皺眉筋《すうびきん》
眼輪筋《がんりんきん》
▼
1 まぶたのたるみ
4 目尻のシワ
3 クマ（血行不良の青グマ）
2 クマ（目の下のたるみ） ◀ 眼輪筋《がんりんきん》

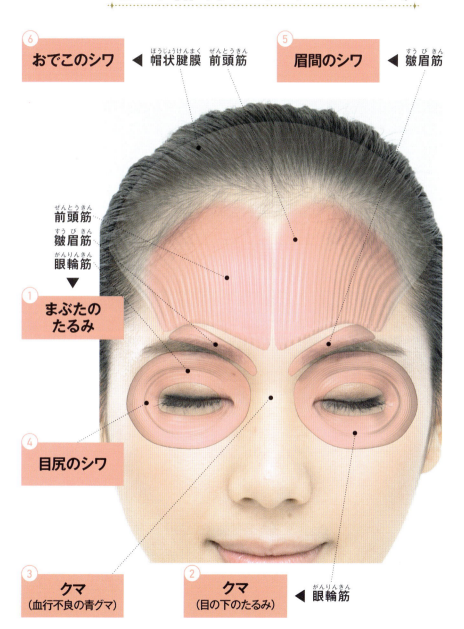

まぶたのたるみ

おでこの緊張と目元の筋肉をダブルでケア

1 両手のこぶしでおでこをクルクルともみほぐす

眉頭の上に、両こぶしの平らな面を当てる。奥にある骨を感じながらクルクルと5回もみほぐし、位置を少しずつ外側にずらしながら、こめかみまで4カ所に分けてほぐす。さらに、おでこの真ん中、生え際も、顔の中心から外側に向かって同様に繰り返す。

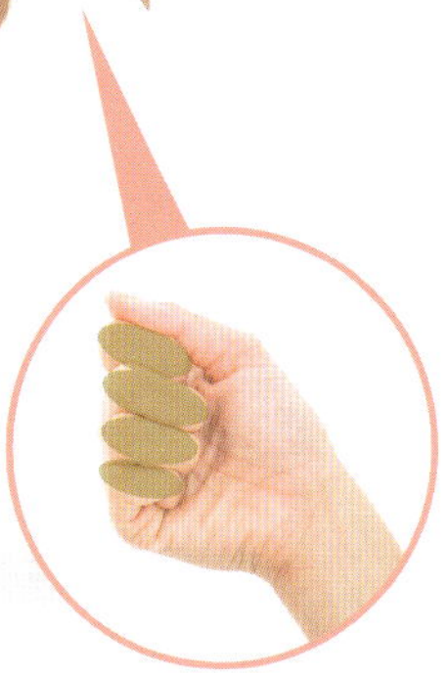

こぶしをつくったとき、指4本の第一関節〜第二関節間の平らな面を使う。

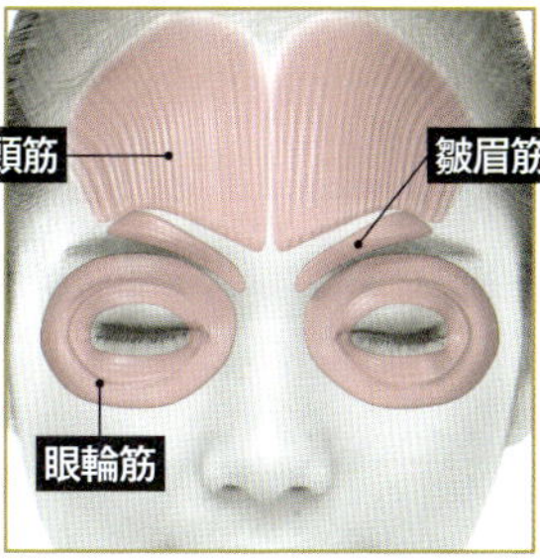

◀アプローチするのはココ！

目を開ける際におでこの「前頭筋《ぜんとうきん》」を使ってしまうのが、まぶたが垂れ下がる大きな原因。ここをほぐすと、意外なほどの凝りに驚く人が多いのです。さらに、目を開けるときに使う「皺眉筋《すうびきん》」や「眼輪筋《がんりんきん》」の硬直もダブルでほぐせば目がぱっちり、楽に開けるようになりますよ。

2 眉から目尻へと圧をかけて「うんうん」「いやいや」と首を振る

横から見たところ

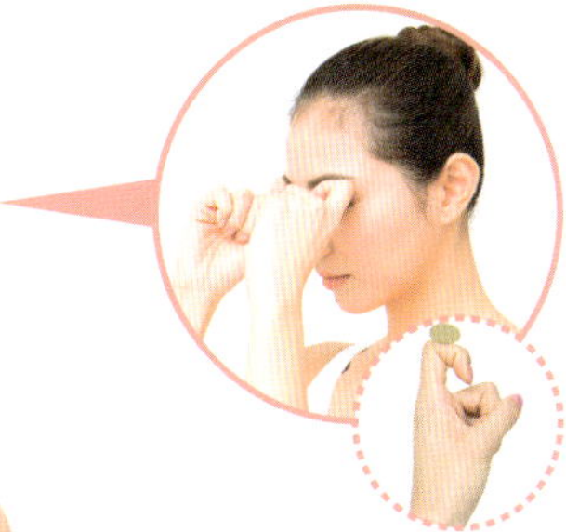

人さし指をカギ形に曲げ、第一関節～第二関節間の平らな面を眉に引っかける。

5セット × 両側 4カ所

机にひじをつき、両手の人さし指を眉頭に当てて、頭の重みで圧をかける。この状態で「うんうん」「いやいや」と首を小さく縦横に振り、これを5セット繰り返す。位置をずらし、4カ所に分けて同様にほぐす。

左右同時に行い、眉頭から眉の中心、眉尻、さらに目尻へと4カ所に分けて位置をずらす。目のまわりを囲む眼輪筋を意識しながら圧をかけ、外側の2カ所はつり目になる感じで行う。

クマ（目の下のたるみ）

衰えた下まぶたの筋肉を鍛えてリフトアップ

1 眉山の下を指先で押さえて上まぶたを固定する

人さし指と中指をそろえ、指先で眉山のすぐ下を軽く押さえる。
これで、まずは目のまわりを囲む「眼輪筋」をとらえて固定して。
真っすぐ正面を向いて行うこともポイント。

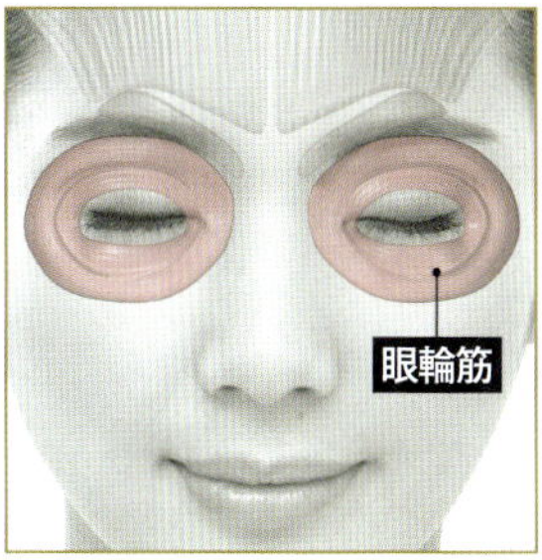

アプローチするのはココ！

目を開け閉めするとき、実はほとんどの人が下まぶたを使えていない状態です。すると、衰えた「眼輪筋《がんりんきん》」が皮膚を支えきれず、たるんでクマをつくる原因に。脂肪がたまりやすい部分でもあるため、下まぶたを狙って動かす筋トレで、目元をしっかりとリフトアップさせましょう。

2 まぶしいものを見るように下まぶただけを閉じる

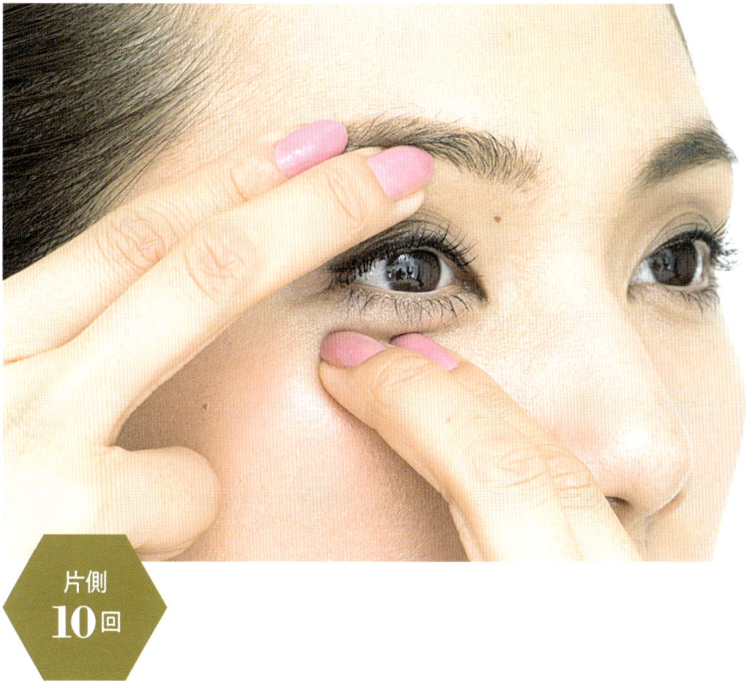

片側
10回

上まぶたは動かさずに固定したまま、反対の指で下まぶたを軽く押さえ、まぶしいものを見て目を閉じるときのように、下まぶただけを引き上げる。下まぶたがピクピク動くのを感じられれば、筋肉がしっかり使えている証拠。10回繰り返し、反対側も行う。

クマ（血行不良の青グマ）

筋肉の動きを物理的に引き出して滞りを改善

1　目まわりの骨を押さえて鼻筋を引っ張る

眉頭のくぼみ（目のまわりの骨のところ）に親指を引っかけて、人さし指と中指で頭の骨を押さえて固定する。反対の手は、鼻の骨でメガネがかかる骨を挟んで押さえ、小《しょう》指《し》球《きゅう》（手のひらの小指側のふくらみ）をあごにつけて下へ引っ張る。

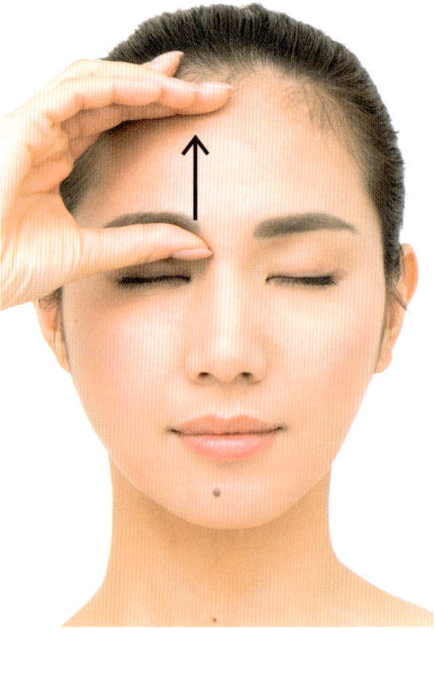

アプローチするのはココ！

眉頭など顔の中央部分は、たくさんの血管が集まります。ところが筋肉の動きが少ない部分でもあるため、血液やリンパを滞らせてクマを引き起こすのです。そこでお薦めなのが、筋肉の動きを物理的に引き出して、リンパや血液の流れを促進するケア。疲れ目にもお薦めです。

2 指を固定したまま「うんうん」「いやいや」と首を振る

縦横
1セット
×
3回

両手をしっかり固定して、眉頭と鼻の骨を上下に引っ張り合いながら、そのまま「うんうん」「いやいや」と、縦横に小さく2度ずつ首を振る。これを1セットとして、3回繰り返す。

目尻のシワ

皮膚を支える筋肉をピンポイントに鍛える

1 目尻を軽く引っ張るように指先で押さえて固定する

人さし指と中指をそろえ、指先の腹を使って、目尻でシワの気になる部分を押さえる。目のまわりの骨を指先で引っかけるように皮膚を軽く引っ張りながら、「眼輪筋」に対して垂直に圧をかけるのがポイント。

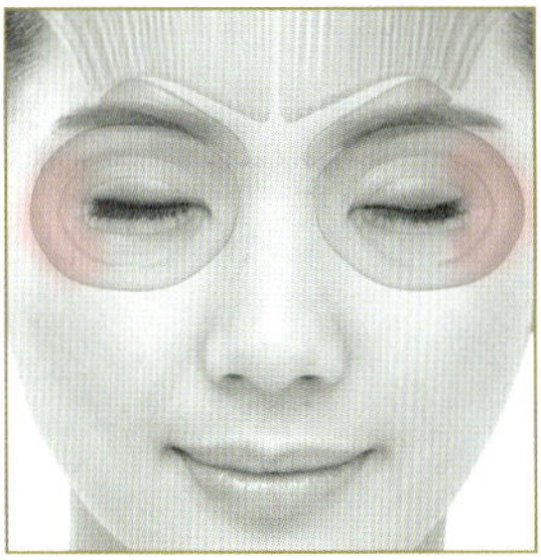

アプローチするのはココ！

目を取り囲む「眼輪筋《がんりんきん》」は、まぶたの開け閉めで酷使する部分。ここが硬く収縮すると、皮膚の奥が縮んでシワをつくります。ただし目元の皮膚は薄くデリケートなので、骨を押さえるように筋肉を支え、下まぶたをピンポイントに鍛えるケアで内側から弾力を取り戻しましょう。

2 筋肉の動きを感じながら そのまま目を開け閉め

片側
10回

目線は正面へ向け、目尻に指先を固定したまま目を大きく開け閉めする。目を開くときはなるべく大きく、閉じるときは指先で筋肉がピクピク動くのを感じながら、10回開閉する。反対側も同様に行う。

眉間のシワ

シワの元凶となる筋肉の硬直がターゲット

1　おでこの皮膚を引き上げて「うにうに」と横向きにほぐす

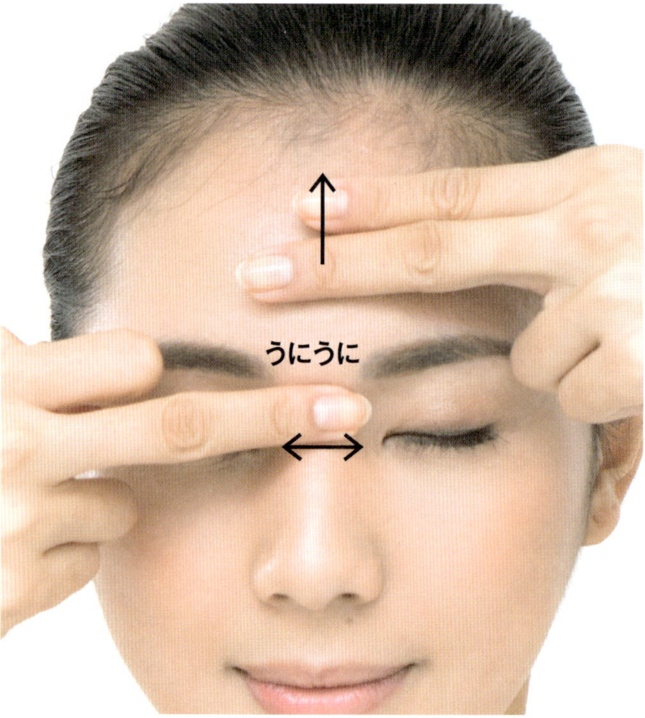

人さし指・中指の先をおでこに置いて、上向きに軽く引っ張ってテンションをかける。さらに、反対の手の中指の腹を鼻の骨のいちばん低い部分に当て、骨をほぐすように左右に小さくスライドさせて「うにうに」と10回マッサージ。

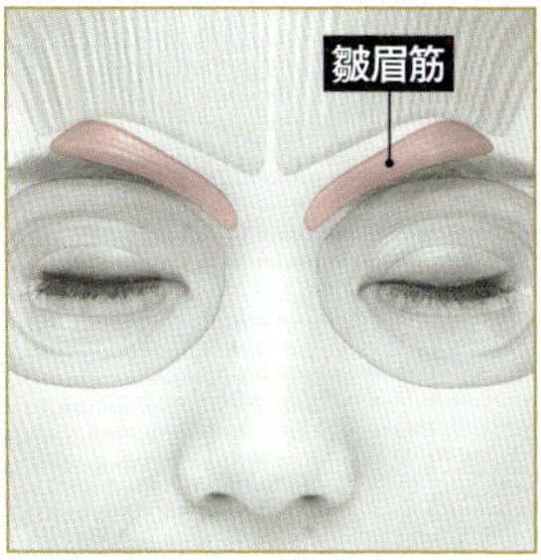

アプローチするのはココ！

「皺眉筋《すうびきん》」とはその名のごとく、眉の間にシワを寄せるときに働く筋肉のこと。眉間のシワ対策では、周辺の部分をしっかりほぐすケアで、老化で硬くなった筋肉をゆるめましょう。周辺の血液やリンパの流れも促され、肌が内側からふっくらと持ち上がります。

2 眉間のシワが寄りやすい部分を筋肉を狙ってほぐす

各10回
×
計6カ所

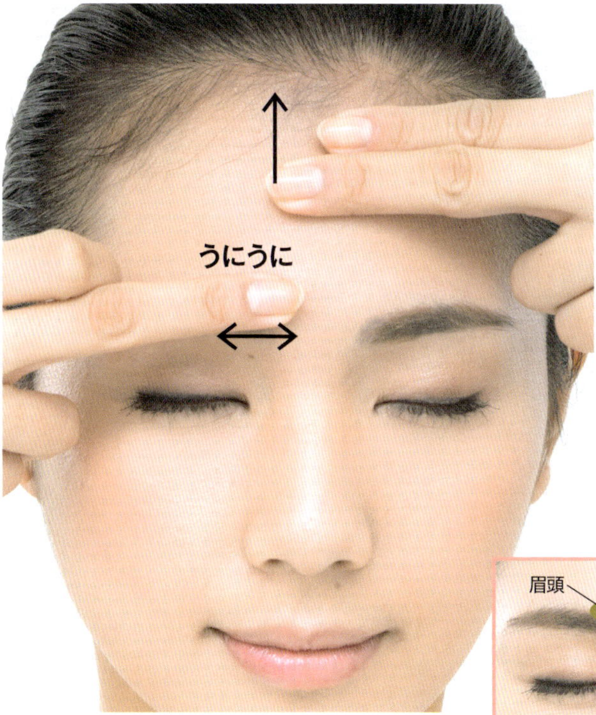

中指を当てる位置をずらしながら、左右の眉頭、眉間の3カ所も同様に「うにうに」を繰り返す。おでこに置いた反対の手も、ほぐす部分に合わせて位置をずらして真上からテンションをかけるのが、皮膚の奥にある「皺眉筋」をきちんとほぐすコツ。

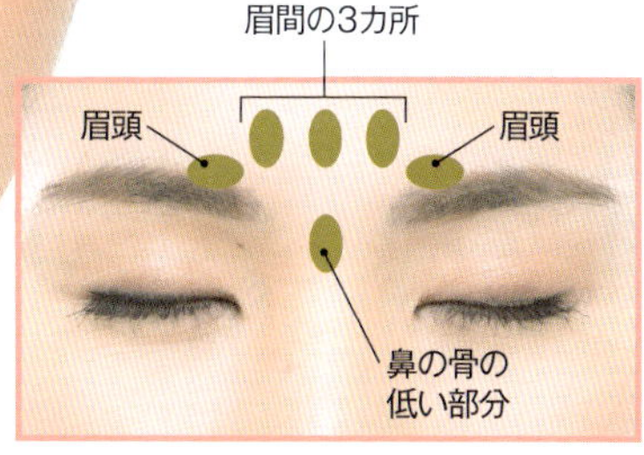

鼻の骨の低い部分に加えて、左右の眉頭と、縦のシワができやすい眉間の3カ所をほぐす。

おでこのシワ

頭皮からリフトアップしてトータルケアを

1 両こぶしを当てておでこをクルクルとまんべんなくほぐす

各5回
×
4×3列

こぶしの第一関節～第二関節間にできる平らな面を眉頭の上に当てる。奥にある骨を感じながらクルクル5回もみほぐし、位置を少し外側にずらしながら、こめかみまで4カ所をほぐす。おでこの真ん中、生え際も、顔の中心から外に向かって同様にほぐしていく。

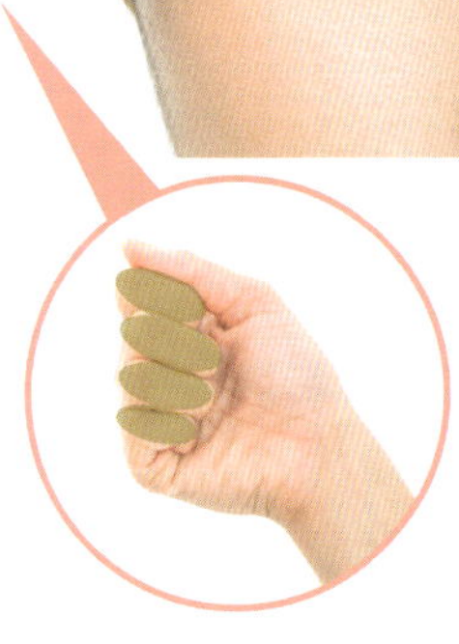

こぶしをつくったとき、指4本の第一関節～第二関節間の平らな面を使う。

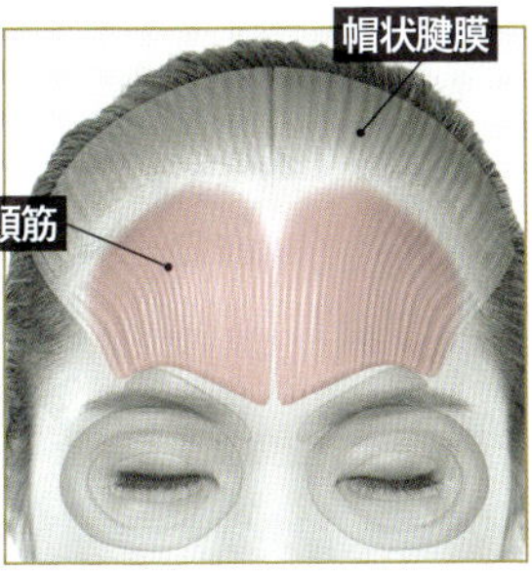

アプローチするのはココ！

全身の筋肉は頭頂部から筋膜でつながっているため、頭皮の硬直をほぐすケアが、実は顔のリフトアップにとっても重要です。ここではまず、おでこにある「前頭筋《ぜんとうきん》」の緊張をほぐした後に、頭皮にある「帽状腱膜《ぼうじょうけんまく》」をケア。シワを頭皮から引き上げ、根本からの改善を目指します。

2 おでこから後頭部に向かって指の腹で頭皮をほぐす

15秒

5本の指を大きく広げて、おでこから後頭部に向かって、頭皮にある「帽状腱膜」をジグザグとほぐしていく。指の腹で耕すように、シャンプーするイメージで行って。

for the face

フェイスラインのケア

斜め45度のフェイスラインは思った以上に視線を集めやすい部分。ところが、あごの関節の周辺はアンバランスになった姿勢の影響を受けてゆがみやすく、老化が進行しがちです。筋肉や骨格に働きかけるケアで、対策しましょう。

① フェイスラインのたるみ —— P64

あごの関節はゆがみやすく、筋肉が硬直してリンパも滞りがち。あごを動かしながら深層部をほぐして改善を。

② エラはり・ほおのたるみ P66

ほお骨につながり、顔を横に引っ張る筋肉を同時にゆるめるケア。ゆがみが整いリフトアップ効果も。

③ 口角の下がり —— P68

普段から大きな力が加わり、顔をゆがめて口角を下げる原因になるそしゃく筋「咬筋」を効率よくほぐします。

④ 二重あご —— P70

加齢で衰えやすいあご裏の筋肉をケア。発音による動きも活用し、老廃物を流してたるみを引き上げます。

⑤ 梅干しあご（あごのシワ）—— P72

老化や話し方のクセによって硬直しやすいあごの筋肉をほぐし、皮膚を持ち上げて内側からふっくら柔軟に。

⑥ ほおがこける —— P74

筋肉に引っ張られて外に張り出したほおの骨格に圧をかけながら緊張をとり、ゆがみや左右差を整えます。

この部分にアプローチ！

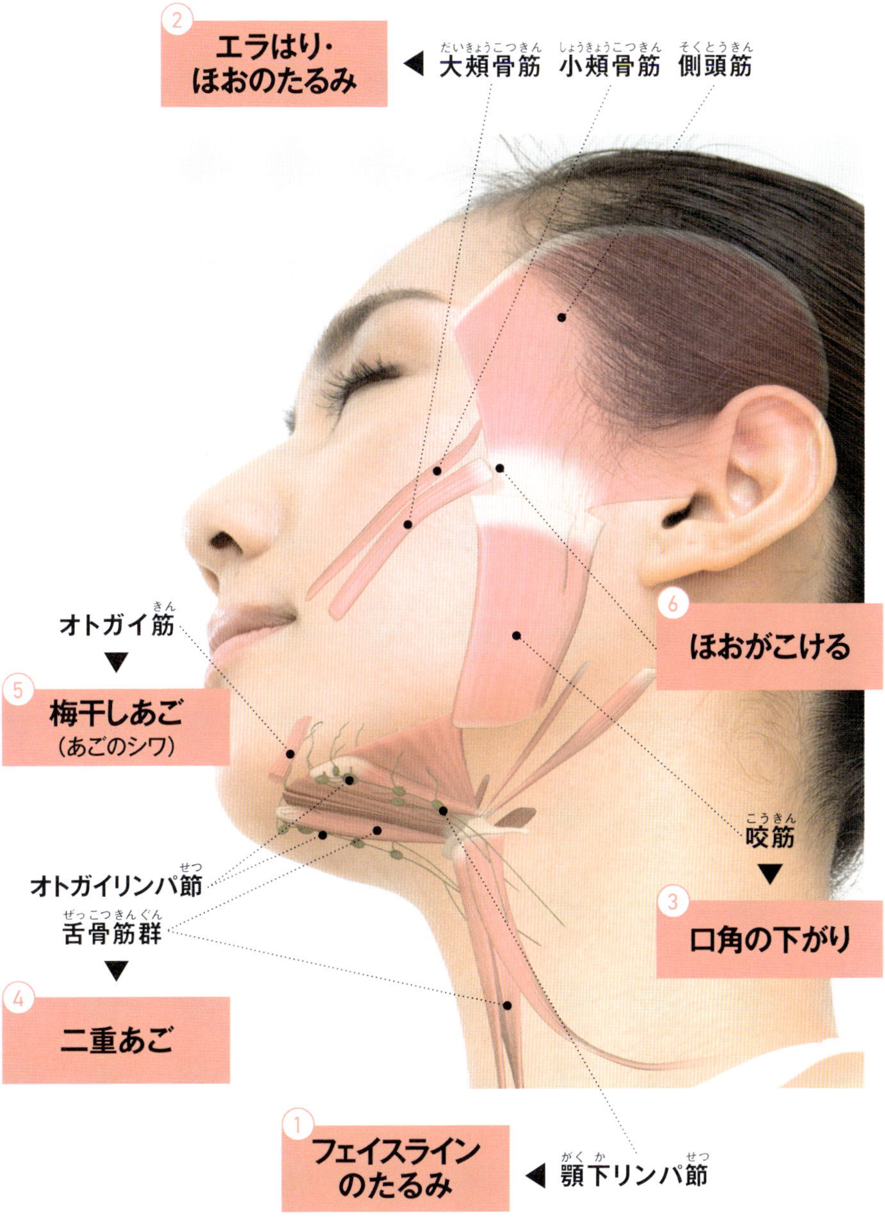

2
エラはり・
ほおのたるみ
大頬骨筋《だいきょうこつきん》
小頬骨筋《しょうきょうこつきん》
側頭筋《そくとうきん》
6
ほおがこける
咬筋《こうきん》
3
口角の下がり
オトガイ筋《きん》
5
梅干しあご
（あごのシワ）
オトガイリンパ節《せつ》
舌骨筋群《ぜっこつきんぐん》
4
二重あご
1
フェイスライン
のたるみ
顎下《がくか》リンパ節《せつ》

フェイスラインのたるみ

リンパを流してシャープなあごのラインが復活

1　あごの中心からやや外側の骨のきわに反対の手を当てる

あごの2cmくらい内側にある骨のきわで、顔の中心から約1cm外側のところに、カギ形にした反対の手（左あごのケアは右手、右あごのケアは左手）の人さし指を当てる。

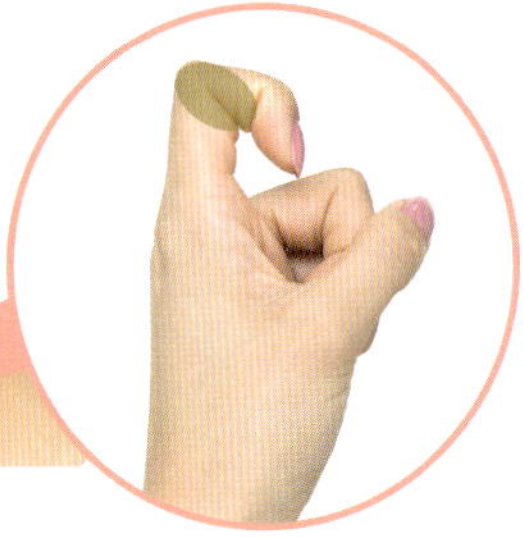

カギ形にした人さし指の、第一関節～第二関節間の平面を使う。

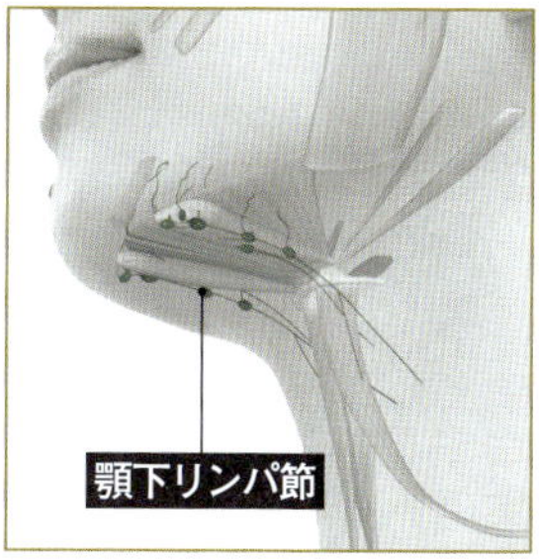

アプローチするのはココ！

あごまわりのラインがたるむと「脂肪がついた」と思いがちですが、原因はむしろ、過度なむくみによるもの。あごの関節はゆがみの影響を受けやすく、「顎下《がくか》リンパ節」の流れも滞りやすいため、ここを動かして深い部分をほぐし、老廃物がたまったリンパを押し流して対策しましょう。

2 「あぐあぐ」と口を開閉して指をずらしながらほぐしていく

人さし指をしっかり当てたまま、「あぐあぐ」と口を開け閉めする（声は出さなくてもOK）。これを1カ所で8セットずつ繰り返したら、指の位置を外側にずらしながら、片側6カ所で行う。反対側も同様に。

押さえるのは、二重あごで皮膚がたるむライン。あごの骨の内側に沿って、エラに向かって片側6カ所ずつ、指をずらしながら行う。

8セット × 計12カ所

フェイスラインのケア②

エラはり・ほおのたるみ

筋肉が交差するほお骨を押さえて同時にほぐす

1　両手で頭をはさむようにして親指の腹をほお骨の下に

両手の親指を大きく開いて、指の腹をほお骨の下に置く。4本の指は側頭部に添えて位置を固定し、両手で頭をはさむようなポジションをつくる。

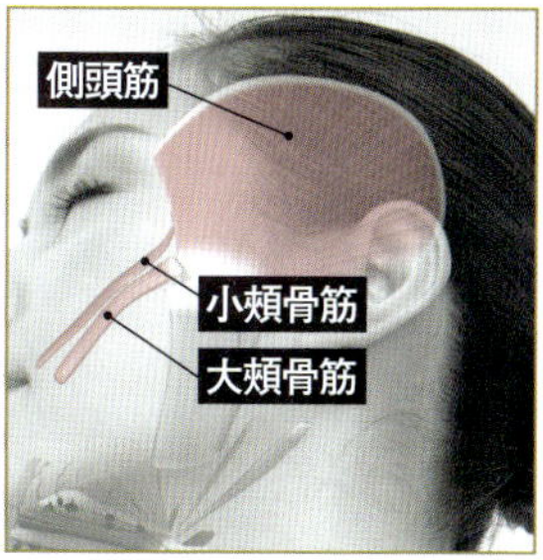

アプローチするのはココ！

「大頬骨筋《だいきょうこつきん》」は口角を、「小頬骨筋《しょうきょうこつきん》」は上唇を引き上げる筋肉。また「側頭筋《そくとうきん》」はほお骨から側頭部に広がり、いずれも緊張して硬くなると顔を横に引っ張り、ゆがんでたるませる原因になります。これらが交差するほお骨を押さえながら、あご関節を動かしてゆるめていきましょう。

2 親指で圧をかけながら「あぐあぐ」と口を動かす

ほお骨の先から1.5cmくらい下のところから、親指の腹で斜め上に圧をかけながら、口を大きく「あぐあぐ」と開け閉めして（声は出さなくてOK）、これを6セット繰り返す。さらに後ろの指は固定したまま、親指の位置を後ろにずらしながら、4カ所で同様に行う。

6セット×両側4カ所

ほお骨の下から斜め上に押し上げ、親指の腹を骨に引っかけるのがコツ。ほおの筋肉をしっかりとらえながら、ほお骨に沿って、耳の前のくぼみまで4カ所に分けてほぐす。

口角の下がり

ゆがみの原因になるそしゃく筋の緊張をとる

1　咬筋に反対側の親指を引っかけて固定する

ほお骨の下に反対側の親指を当て、4本の指は軽く握り、人さし指の側面をエラ骨に引っかけて固定する。さらに、口を軽く開け閉めして動く太い筋肉（＝咬筋）の位置を確認したら、へりのくぼんだ部分に親指の腹を引っかける。

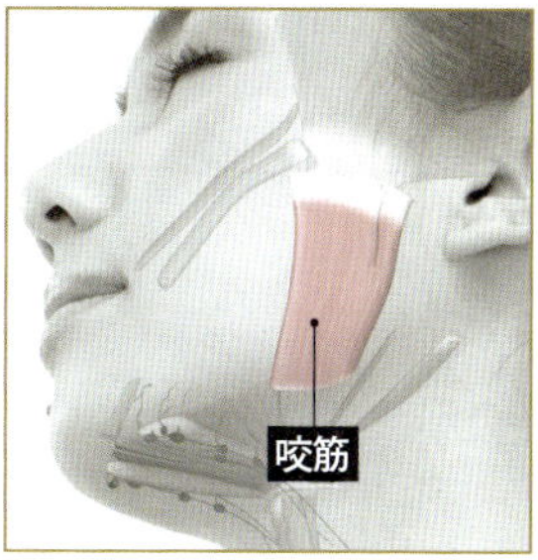

アプローチするのはココ！

あごの関節には、硬いものを食べるときで20～30kg、睡眠中の歯ぎしりでは100kgもの負荷がかかるといいます。その結果、そしゃく筋の中でも大きな「咬筋《こうきん》」が緊張し、顔をゆがめて口角を下げる原因に。特に咬筋の下部は硬くなりやすいため、念入りにほぐすのがポイントです。

2 筋肉をとらえながら「あぐあぐ」と口を開け閉め

両側から咬筋をはさんで、しっかり押さえながら、「あぐあぐ」と口を開け閉めして6セット繰り返す（声は出さなくてOK）。筋肉に沿って親指を下にずらしながら3カ所で行ったら、反対側も同様に。

6セット × 計6カ所

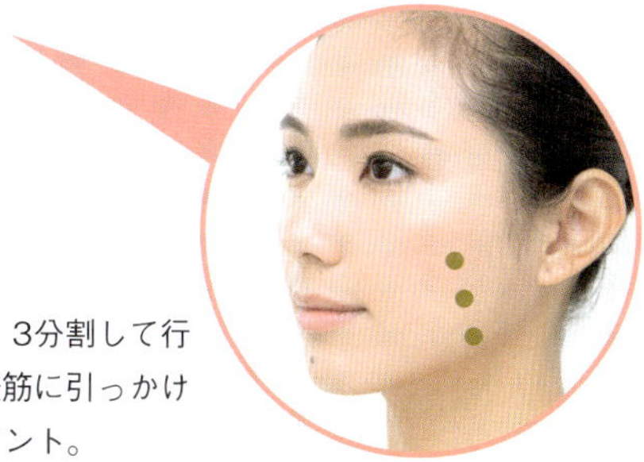

ほお骨の真下～あごの上を、3分割して行う。親指の腹を縦にして、咬筋に引っかけるように圧をかけるのがポイント。

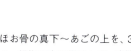

二重あご

舌を動かしながらリンパを流して引き上げる

1 あご先の内側の骨のきわに カギ形の人さし指で圧をかける

あご先から2cmくらい内側の骨のきわに、カギ形にした人さし指の平らな面を使って圧をかける。

人さし指をカギ形に曲げ、第一関節〜第二関節間の平らな面を使う。

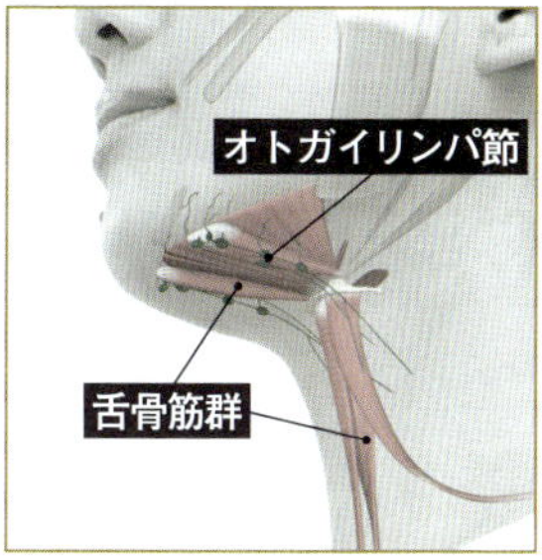

アプローチするのはココ！

あご下には舌に付着する「舌骨筋群《ぜっこつきんぐん》」という小さな筋肉の集まりがあり、これが加齢で衰えることが二重あごの大きな原因に。特に日本語の発音は舌を使うことが少ないため、周辺の「オトガイリンパ節」とともに筋肉を押さえて動かし、老廃物を流してたるみを引き上げましょう。

2　英語の巻き舌のように「らりるれろ」と口を動かす

5セット

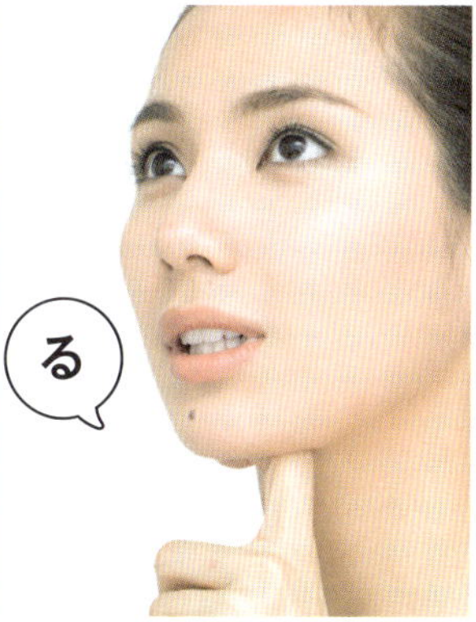

あごの下に指で圧をかけたまま、英語の「R」の発音をイメージしながら、巻き舌で「ら」「り」「る」「れ」「ろ」と、大きく口を動かしていく（声は出さなくてもOK）。これを5セット繰り返す。

梅干しあご（あごのシワ）

筋肉の硬直をほぐして内側からふっくら柔軟に

1 あごをはさむように固定して人さし指で「うにうに」とほぐす

唇の下側中央から、あごに向かって左右に分かれるオトガイ筋を片側ずつほぐしていく。まず、カギ形に曲げた人さし指を口の真下に当て、親指はあごの骨に引っかけて、はさむように固定。ここから人さし指で「うにうに」と小さな円を描くように、10回ほぐす。

人さし指をカギ形に曲げ、第一関節～第二関節間の側面を使う。

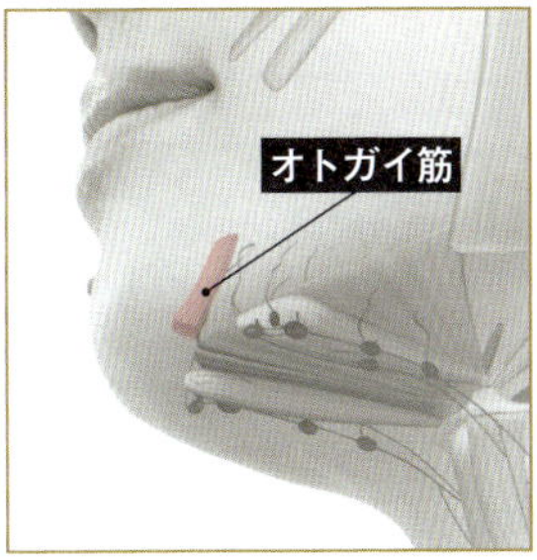

アプローチするのはココ！

「オトガイ筋」とは、口をすぼめるとシワが寄る部分で働くあごの筋肉。話し方のクセや老化によって硬直する人が多く、シワをつくって老け見えの一因になります。さらに、肌のハリに必要な周辺の脂肪も加齢でやせ衰えるため、筋肉をしっかりほぐし、内側から柔軟性を取り戻すことで対策を。

2 位置を下へずらしながらあご先までほぐしていく

10回
×
計6カ所

人さし指の位置を下にずらし、あご先まで3カ所に分けて同様にほぐしたら、反対側も同様に行う。人さし指の平らな面で骨をほぐすような意識で、あごをはさみながら筋肉をしっかりとらえるのがコツ。

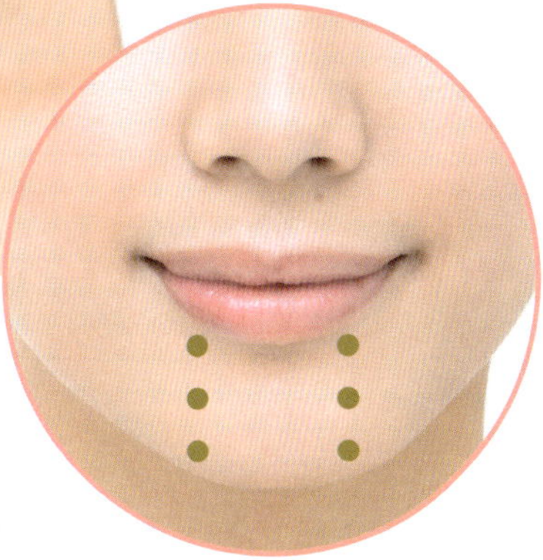

下唇の下からあごにかけて、顔の中心から左右対称の縦の2列を、3段階に分けてほぐす。

ほおがこける

関節のゆがみに圧をかけてゆるめ骨格を矯正

1 両手のひらを真横にして ほお骨を両側からはさむ

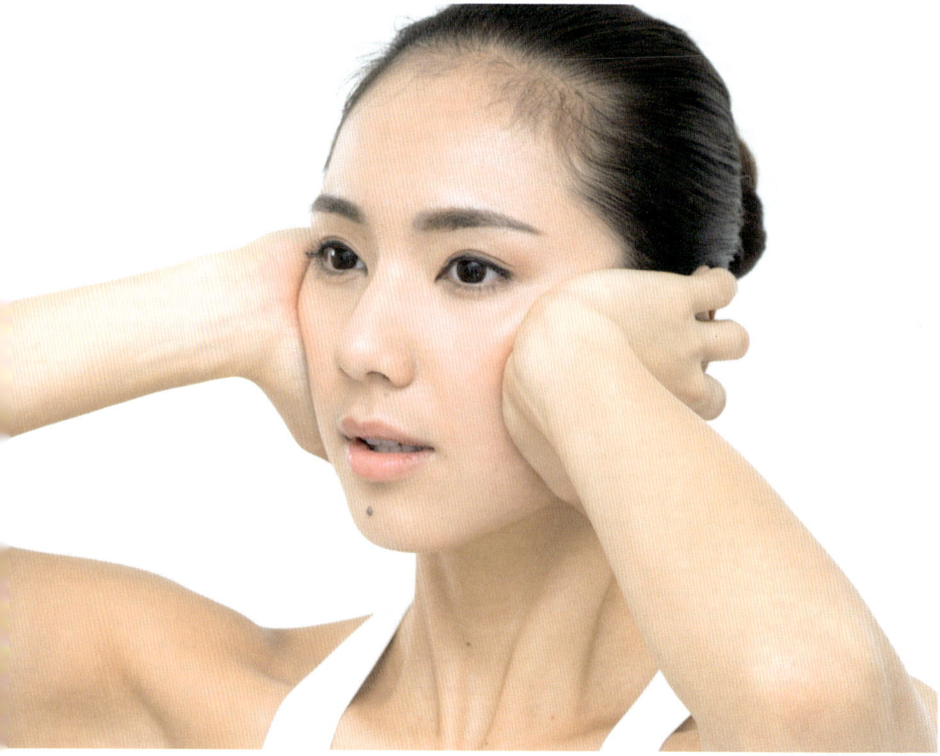

両手のひらを真横にして、ほお骨を両側からはさみ、指先は側頭部に軽く添える。このとき、手のひらの小指側が、ほお骨の上に引っかかるように平行に当てることを意識。口を軽く開けておくのも、骨格を矯正する際のポイントに。

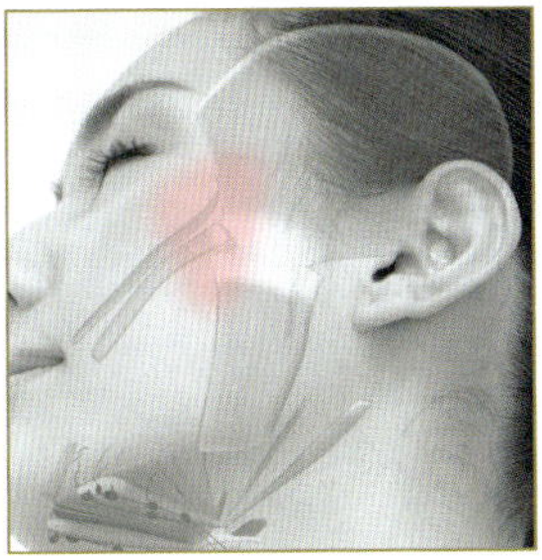

◀アプローチするのはココ！

頭の横にある「側頭筋《そくとうきん》」が緊張して収縮すると、筋肉が付着するほお骨が引っ張られて外に張り出します。すると、ほおの下に影ができて、こけたような印象をつくるのです。ゆがんだ関節に圧をかけ、ゆるめる骨格矯正の手技で緊張をとって、ほおの張り出しや左右差を整えましょう。

2　ほお骨に押し込むように ゆっくり圧をかける

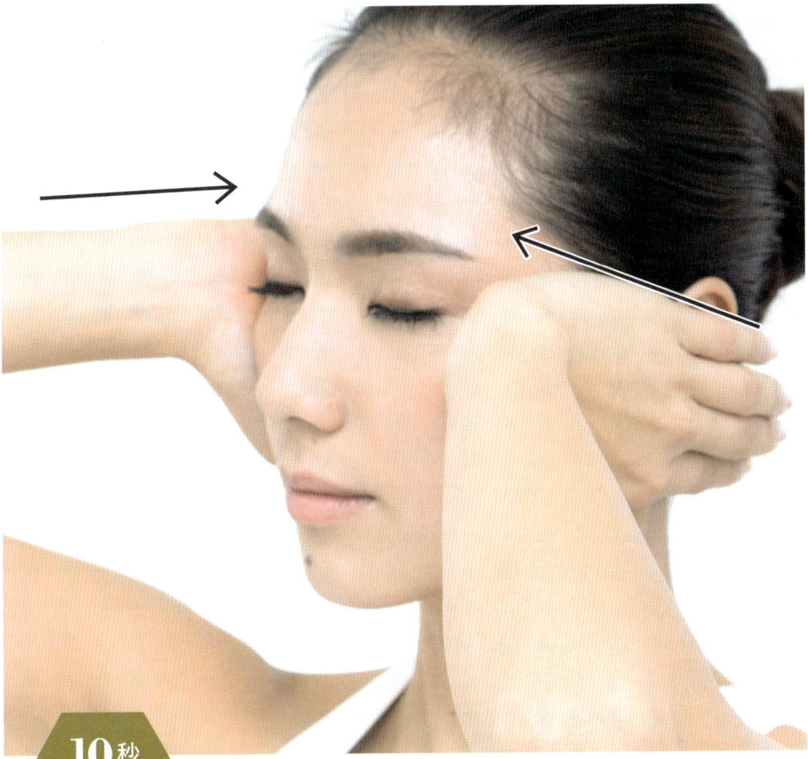

10秒×3回

手のひらをほお骨に押し込むように、ゆっくり圧をかけていく。後頭部にかかる指先を支点にするイメージで10秒キープし、3回繰り返す。

髪の毛のケア

年齢とともに頭皮の筋肉が硬くなり、毛質の低下を感じる人は多いはず。すると頭への血流が悪化して気分にも影響し、さらに筋膜でつながる、顔の筋肉がたるむ原因にもなります。重要なアンチエイジングケアなので、ぜひ毎日の習慣に！

髪の老化 P78

頭に広がる筋肉や血流に働きかけて、うねり毛や抜け毛の原因となる頭皮の老化を根本から改善していきます。

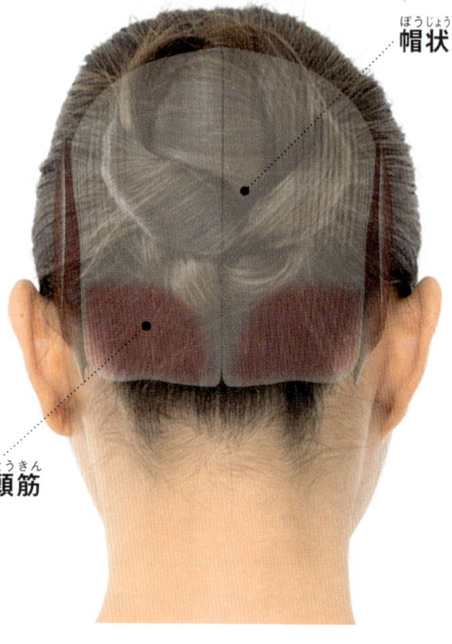

この部分にアプローチ！

髪の老化 ◀ 前頭筋《ぜんとうきん》 側頭筋《そくとうきん》 帽状腱膜《ぼうじょうけんまく》 後頭筋《こうとうきん》

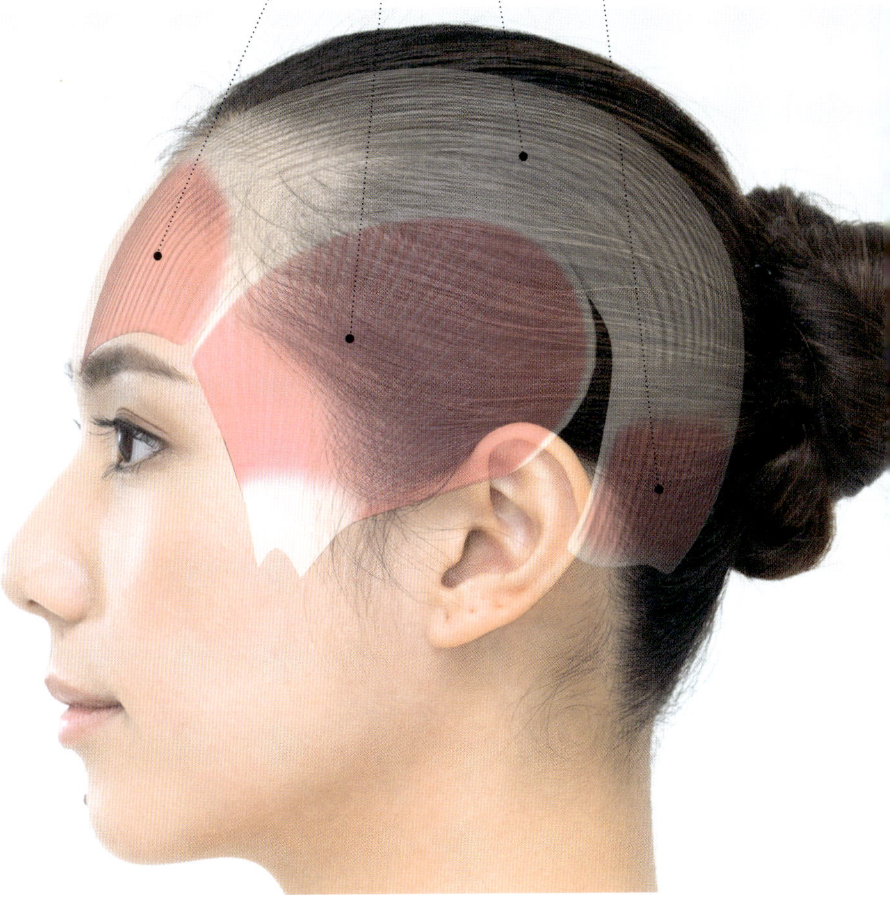

髪の老化

毛髪を育てる頭皮のたるみと血流を根本的にケア

1 おでこから後頭部へと指の腹で耕すように頭皮をほぐす

15秒

頭頂部に広がる「帽状腱膜《ぼうじょうけんまく》」は、全身の筋肉へとつながる筋膜なので、まずはここから緊張をほぐしていく。指を大きく広げ、指の腹で耕すように、おでこから後頭部に向かってシャンプーするイメージでジグザグに頭皮をほぐす。

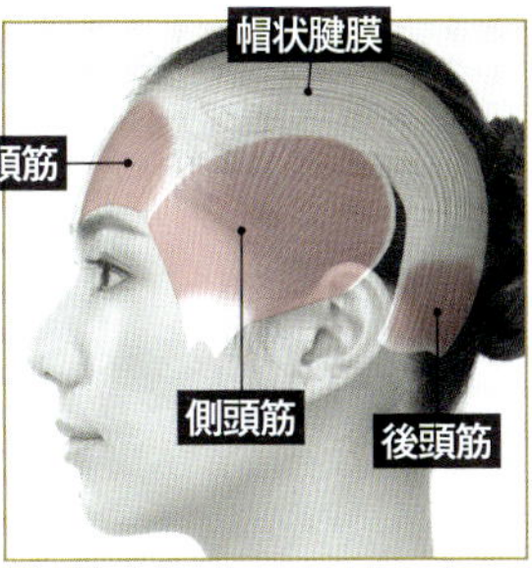

アプローチするのはココ！

年齢とともに髪のハリやコシが失われるのは、頭のまわりに薄く広がる筋肉や筋膜が緊張して縮まってしまうのがひとつの要因です。頭蓋骨をほぐすイメージで緊張をとることで、頭皮のたるみや毛根を巡る血流を改善。うねり毛や抜け毛の原因を、土台からケアしましょう。

2 握りこぶしの平らな面で側頭部をジグザグにほぐす

両こぶしの平らな面を側頭部に当てて、生えぎわから後頭部に広がる側頭筋をほぐす。口は半開きにしてゆるめ、上下にジグザグ動かしながら、気持ちいい強さでもみほぐして。

15秒

3 後頭部から首までほぐす

さらに両こぶしを後頭部に当てて、後頭筋と、首から背中へとつながる筋肉の付着部にかけてを、ジグザグと動かしながら上から下へ、もみほぐしていく。

15秒

column2

村木式アンチエイジングケアメソッド

セルフケアのタイミングは？

仕事の合間に

スマホやパソコンを見続けて疲れたときや、お昼の休憩中、さらにトイレの中など、すき間の時間もぜひ活用して。特別な道具などはなくても、いつでもどこでも、メイクの上からでもできるのが村木式メソッドの特徴です。短めのケアなら1分でできるものもあるので、ぜひ毎日の習慣に！

朝のメイク前に

朝の起き抜けは、顔がボンヤリむくんでいることが多いもの。そんなときはセルフケアの出番！　気になる部分を中心に、忙しければ時間を短縮したクイックケアでもOK。ぼやけた目がぱっちり開き、顔がスムーズに動き始めます。その即効性は、メイク前の強い味方になってくれるでしょう。

毎日のケアを

セルフケアは朝・昼・晩、1日3回くらい行ってもOK。多くのケアで即効性は期待できますが、変化を感じられた後も、日々続けることで若返り効果をキープできます。調子の悪いときに無理したり、やりすぎるのは禁物ですが、著者自身の経験からも、やっぱり大切なのは日々の小さな積み重ねだと実感しています。

夜寝る前に

もしケアするタイミングが1日1回だけなら、夜寝る前がいちばんお薦めです。「その日の疲れはその日のうちに」といいますが、筋肉が凝り固まったまま寝てしまうと、血流は悪化したまま、ゆがみを助長させてしまいます。リラックスタイムにテレビを見ながらの「ながらケア」も、気軽に続けるためにはいい方法です。

Part2

アンチエイジング
整筋メソッド

body

をつくる整筋ケア

一般に、全身の筋肉量は20代をピークに、加齢によって減少の一途をたどります。筋肉を構成する筋線維が減少し、さらに萎縮《いしゅく》することによる老化現象は、体形のバランスを崩し、見た目年齢を一気に引き上げる原因に。まずは年齢に負けないアンチエイジングボディの条件を、セルフケアの効果とともに考えてみましょう。

1 バランスがとれた姿勢

猫背で体の前側が縮むと、背中や二の腕がたるんで太くなる〝オバさん体形〟に。首の筋肉も縮んで、顔をゆがませる原因にもなります。全身を横から見て、肩～脚の付け根～くるぶしが一直線上に並んでいなければ、姿勢のバランスが崩れている可能性大。定期的なセルフケアを心がけて、姿勢を土台から立て直しましょう。

2 メリハリのある体形

村木式 若見えボディ

例えば骨盤まわりの筋肉の場合、片側が硬く縮んでいると周辺の動きが悪くなり、脂肪をためる原因に。ただし、単に「やせている」だけでは、若々しい体形とはいえません。筋肉をゆるめて体本来の動きを引き出すセルフケアが、足首やウエストなど、必要な部分が適度に引き締まった、メリハリのある体形をつくります。

3 ハリと弾力のある体

顔筋ケアと同様、体をメンテナンスするうえでも筋肉の弾力はとても重要です。カチカチで質の悪い筋肉では周辺の代謝が衰えてセルライトがつきやすく、血液やリンパの滞りによるむくみが、ボディラインを崩す原因に。筋肉が硬く凝ったり、緊張した部分があれば〝体形を崩す前兆〟と心得て、ぜひ意識的なケアを心がけてください。

鏡を使って Check!

骨盤のゆがみを 鏡で自己診断

骨盤は上半身と下半身をつなぎ、姿勢を支える「かなめ」の部分。ゆがみの程度が、以下の方法でわかります。

足を腰幅くらいに開き、鏡に向かって正面に立つ。両手を骨盤の両端に当てて（手のひらの小指側が腰骨のへりに当たるように）、骨盤にねじれがあるか、肋骨との距離に、左右で違いがあるかどうかをチェック。

若返り整筋ケア

体が温まった状態になる入浴時は、セルフケアの効果も出やすいタイミング。筋肉が硬直してゆがみの出やすい下半身を集中的にケアして滞りを改善し、１日の疲れをためない、若々しいボディを保ちましょう。

若見せ3大ポイントケア

POINT1 脚のゆがみを改善 ‥‥ P86

ひざ下の筋肉は、姿勢の傾きを受け止めてバランスをとるために左右差が出やすい部分。動かしながらゆるめて筋肉のクセをとり、末端にたまった血液やリンパを押し流すポンプ機能を高めます。

POINT2 むくみ脚をリセット‥‥ P88

多くの人が内ももの筋肉をうまく使えずに、硬直してそけい部につながるリンパの流れを滞らせています。筋肉の柔軟性を取り戻すと、脂肪がたまりやすい部分の代謝を高める効果も期待できます。

POINT3 骨盤のねじれを調整‥ P89

姿勢を支える体幹部にあって、硬くなりがちなお腹の筋肉をゆるめるケア。表層で左右の骨盤につながる筋膜をリリースしながら、ねじれや傾きを調整します。脂肪のもみほぐし効果も大。

お風呂でやりたい

基本の

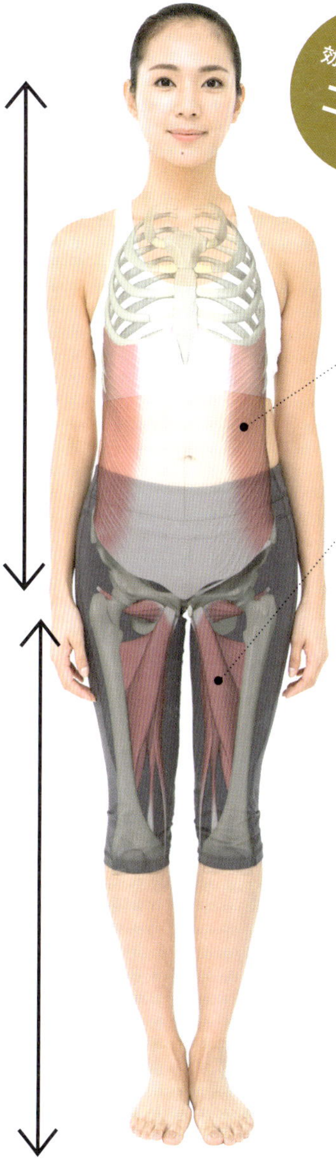

効かせるのは
ココ!

POINT3
外腹斜筋《がいふくしゃきん》 <<< **骨盤のねじれを調整**

POINT2
内転筋《ないてんきん》 <<< **むくみ脚をリセット**

POINT1
腓腹筋《ひふくきん》 <<< **脚のゆがみを改善**

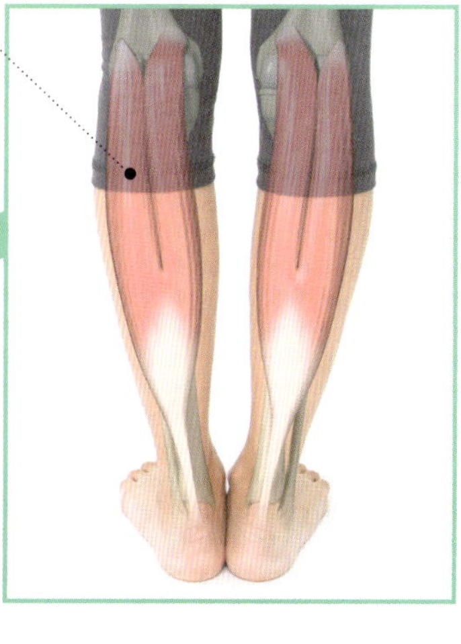

POINT1 脚のゆがみを改善

ふくらはぎの筋肉に圧をかけながら、足首の動きを使ってほぐします。筋肉を柔軟にしてバランスを整えれば、リンパの流れもスムーズに。

足首をぐるっと大きく回しながら
ふくらはぎの筋肉をつかんでほぐす

湯船で片方のふくらはぎを持ち上げ、両手で筋肉をしっかりつかむ。そのまま、ひざの高さはキープして足首をぐるっと大きく回していく。反対側も同様に10回ずつ回して、位置をずらしながら4カ所で繰り返す。もう片方の脚でも行う。

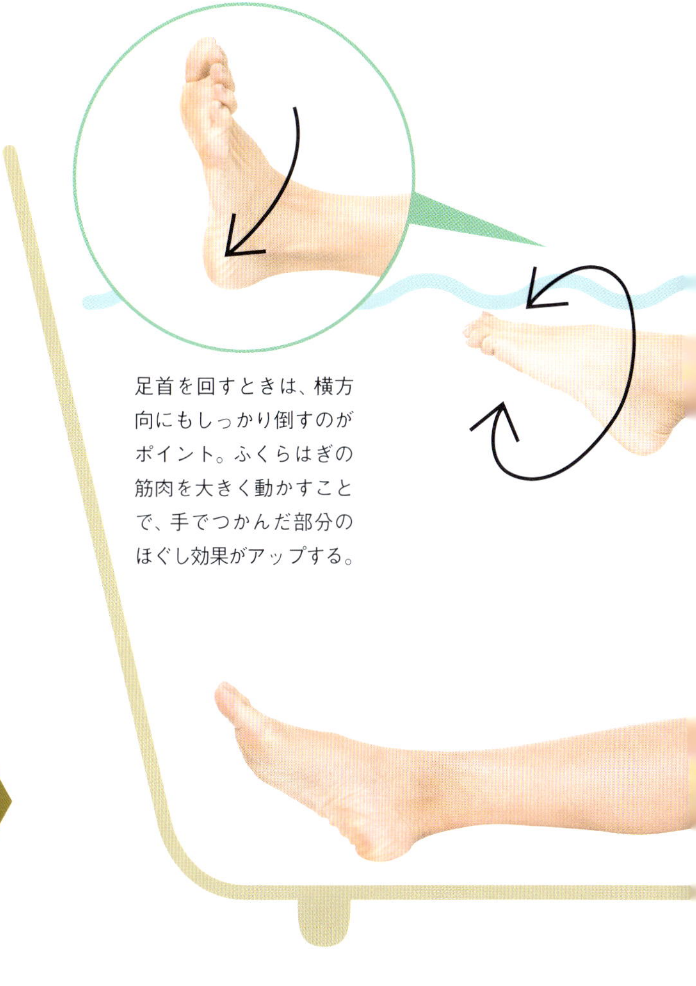

足首を回すときは、横方向にもしっかり倒すのがポイント。ふくらはぎの筋肉を大きく動かすことで、手でつかんだ部分のほぐし効果がアップする。

左右
各10回
×
片脚
4カ所

POINT2 むくみ脚をリセット

内もものなかでも特に衰えがちなのが、ひざを伸ばすときに働く筋肉。ひざの屈伸を使ってケアします。立ち姿勢が楽になる効果も。

内ももの筋肉と脂肪をつかみ
ひざの曲げ伸ばしで刺激

片方のひざを曲げて外に倒し、両手の4本指と親指を大きく開いて内ももをしっかりつかむ。そのままひざを曲げ伸ばしして、内ももの筋肉や脂肪をほぐしていく。10回繰り返して、位置をずらしながら片脚で4カ所行う。反対の脚も同様に。

POINT 3 骨盤のねじれを調整

硬くなったお腹と骨盤まわりの筋膜を、揺らす動きでリリースします。ぜい肉ごとしっかりほぐし、脂肪の分解が促される一石二鳥の効果も。

ひざをパタパタ倒しながら硬いお腹をぐいぐいほぐす

湯船にもたれかかり、両ひざを立てた姿勢からスタート。両手の親指と4本の指で脇腹を深くつまみ、ひざをそろえて左右にパタパタ倒す（1カ所につき10往復が目安）。手の位置を横にずらしながら繰り返し、10カ所くらいに分けてお腹をまんべんなくほぐして。

for the body

姿勢改善ケア

姿勢の崩れは、体形をオバさん化する大きな原因。放置したままでは、余分なリンパや脂肪がたまる一方です。そこで必要なのは、筋肉をほぐし、ゆがんだ骨格を整えるケア。慢性的な凝りを、根本的に改善する効果も期待できます。

この部分にアプローチ！

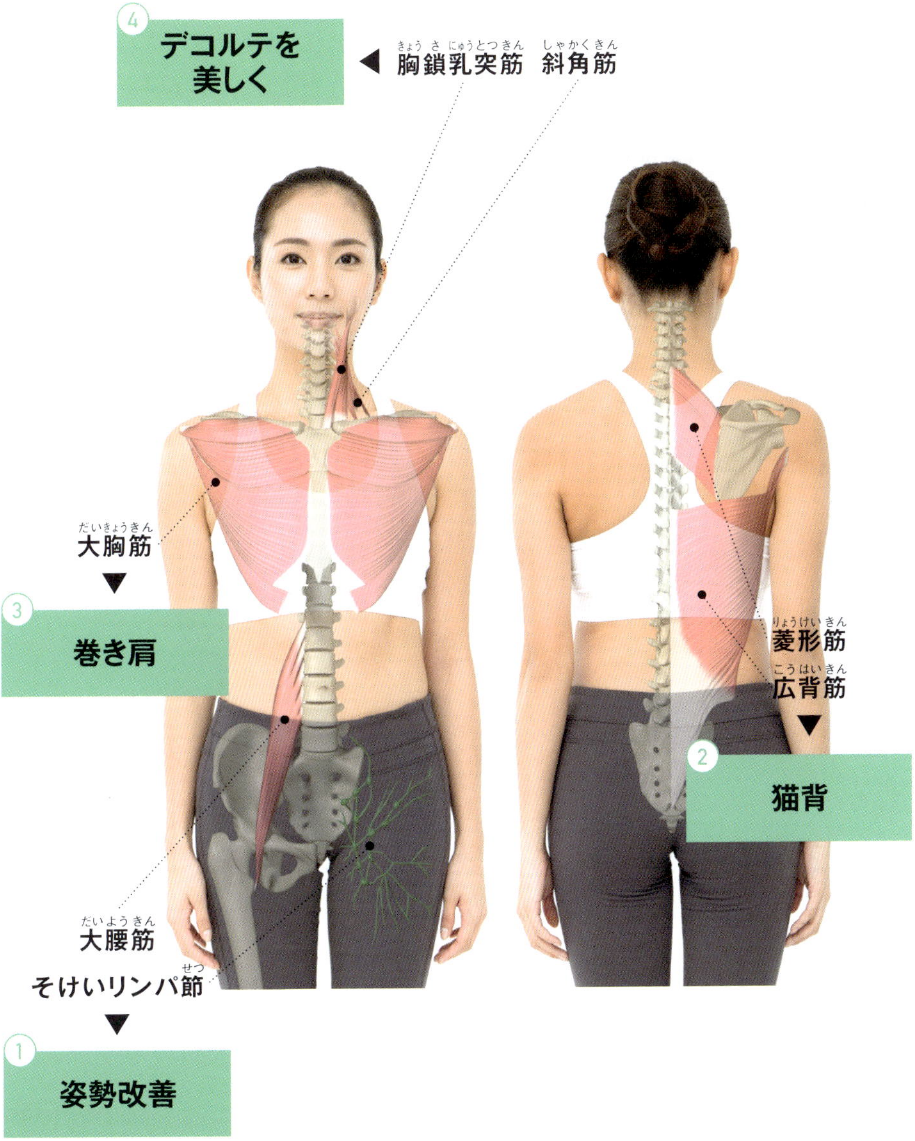

4
デコルテを美しく
胸鎖乳突筋《きょうさにゅうとつきん》 斜角筋《しゃかくきん》
大胸筋《だいきょうきん》
3
巻き肩
菱形筋《りょうけいきん》
広背筋《こうはいきん》
2
猫背
大腰筋《だいようきん》
そけいリンパ節《せつ》
1
姿勢改善

姿勢改善

体幹を支える骨格筋とリンパ節を同時に刺激

うつ伏せで
テニスボールを当てて
ひざを曲げ伸ばしする

うつ伏せになり、そけい部の外側にテニスボールを当てて、ひざの曲げ伸ばしを10回繰り返す。痛い場合は、脚を伸ばして深く呼吸するだけでもOK。ボールの位置をずらしながら、左の写真にある部分をまんべんなくほぐしていく。

各10回
×
計14カ所

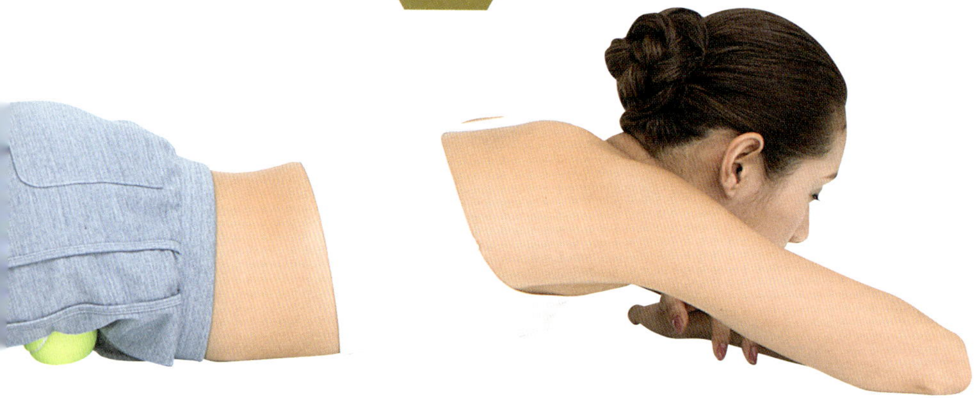

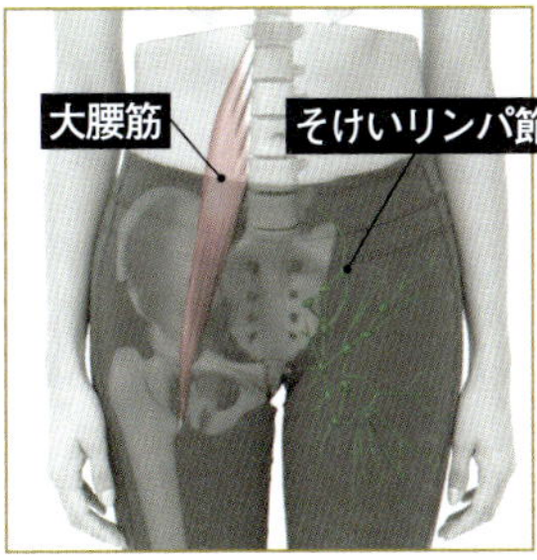

アプローチするのはココ！

「大腰筋《だいようきん》」は背骨と大腿骨をつなぎ、姿勢を支える骨格筋。深層部にあるため、テニスボールでほぐすケアが有効です。また、そけい部は下半身から流れるリンパ節が集中する部分。硬くなりがちなお腹周辺を同時にほぐすことで、骨盤の動きが改善し、姿勢のバランスも整います。

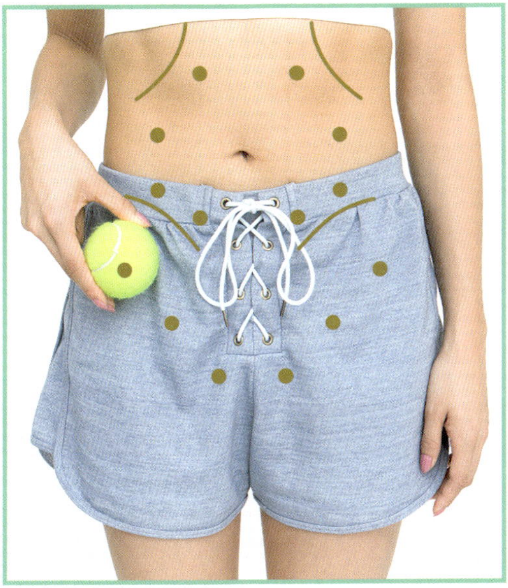

左右それぞれでテニスボールを当てるのは、そけい部のラインに沿って3カ所、肋骨に沿った下側の2カ所、さらに骨盤の腸骨（腰骨）沿いの上側2カ所。片側で7カ所ずつ、計14カ所をそれぞれ1カ所ずつほぐす。自分がやりやすい順番でOK。

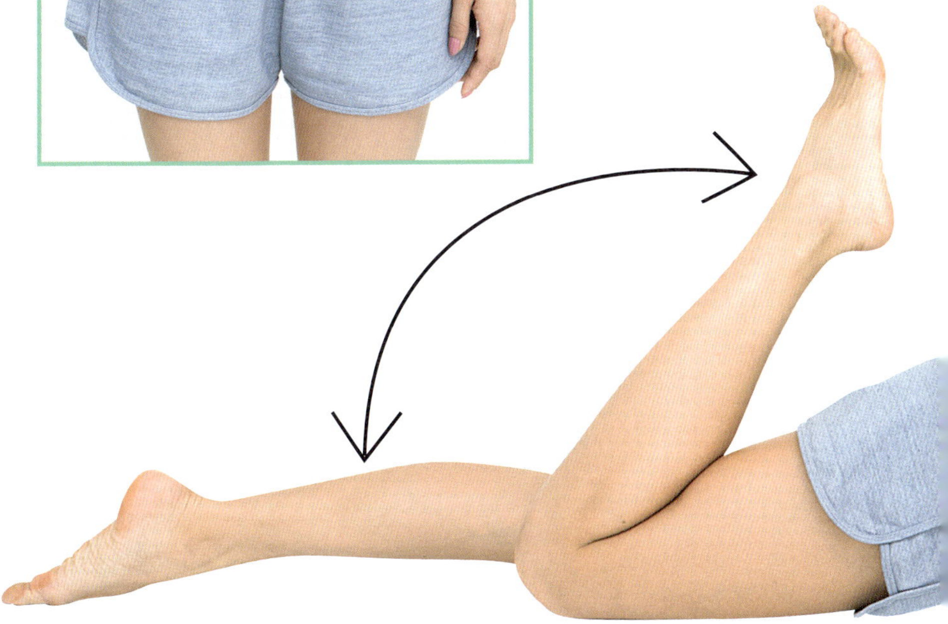

猫背

肩甲骨まわりをボールの圧で深層からほぐす

1 あお向けで肩甲骨のきわにテニスボールを当てる

あお向けに寝て、肩甲骨のきわに沿ってテニスボールを当てる（ひざは立てたほうが楽に行える）。この姿勢のまま、肩をゆっくり大きく回していく。

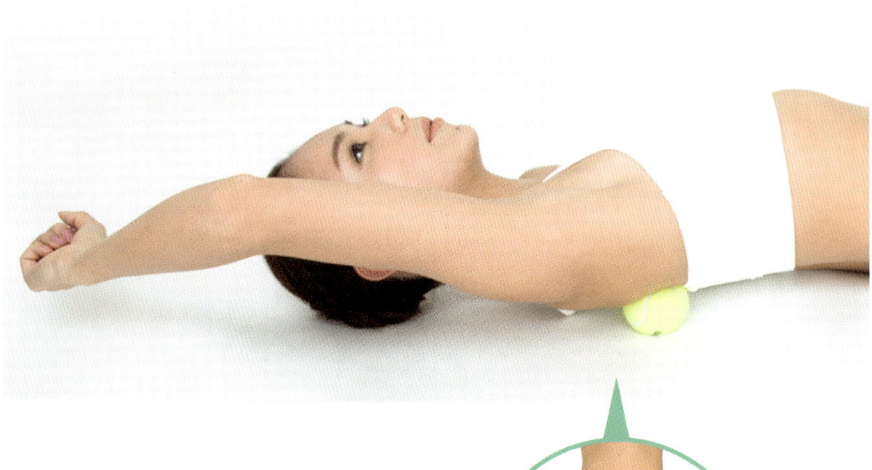

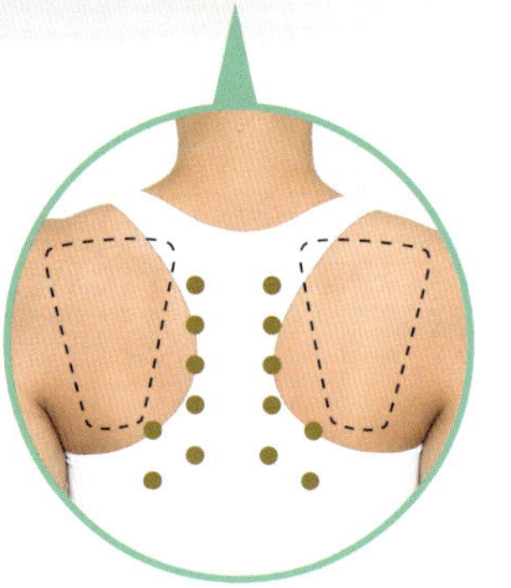

左右それぞれでテニスボールを当てるのは、まず背骨沿いの5カ所。さらに肩甲骨の下端と、そのやや下側の2カ所を行うことで、背中の広背筋もほぐせる。

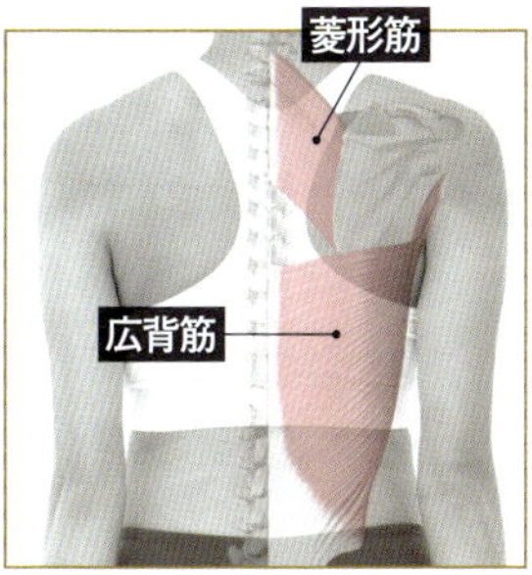

アプローチするのはココ！

体が前かがみになった猫背の姿勢は、肩甲骨を寄せる「菱形筋《りょうけいきん》」や、上腕につながる「広背筋《こうはいきん》」がうまく使えずに硬直した状態。手の届きづらい部分なので、テニスボールの圧で深層からイタ気持ちよくほぐしながら、腕を動かして筋肉のしなやかな動きを取り戻しましょう。

2 肩甲骨から肩を大きく回して圧をかけながらほぐす

1カ所につき内回し、外回しを3回ずつ行い、位置をずらしながら、片側7カ所、計14カ所で同様に繰り返して。ひじを遠くへ動かすイメージで、肩甲骨から大きく回すのがポイント。

左右
各3回
×
計14カ所

巻き肩

前に縮んだ筋肉と鎖骨まわりの硬直をリセット

1 横向きに寝て腕を伸ばし
筒状に丸めたバスタオルを置く

横向きに寝て、頭が真っすぐになるように枕やクッションを置く（高さが足りない場合はタオルなどで調整）。ひざは曲げて楽なポジションをとり、伸ばした手は、筒状に固く丸めて縦方向に置いたバスタオルにのせる。反対側の手は、鎖骨のくぼみを親指で押さえる。

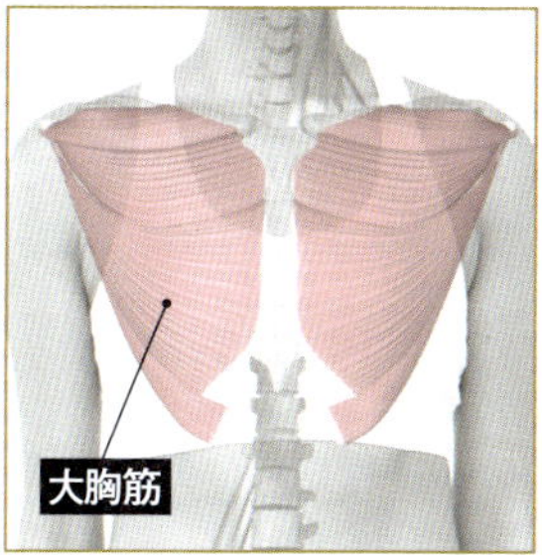

アプローチするのはココ！

巻き肩の人は、胸の前側で上腕を動かすときに働く「大胸筋《だいきょうきん》」が硬く縮まった状態。そこで、バスタオルのサポートで腕を脱力させつつ、大胸筋が付着する鎖骨まわりの硬直をリセットしましょう。鎖骨の上側もほぐすことで首の筋肉もほぐれ、前かがみ姿勢が楽にゆるみます。

2 前後にゆらゆら動く力を使って鎖骨まわりに圧をかける

10回×計16カ所

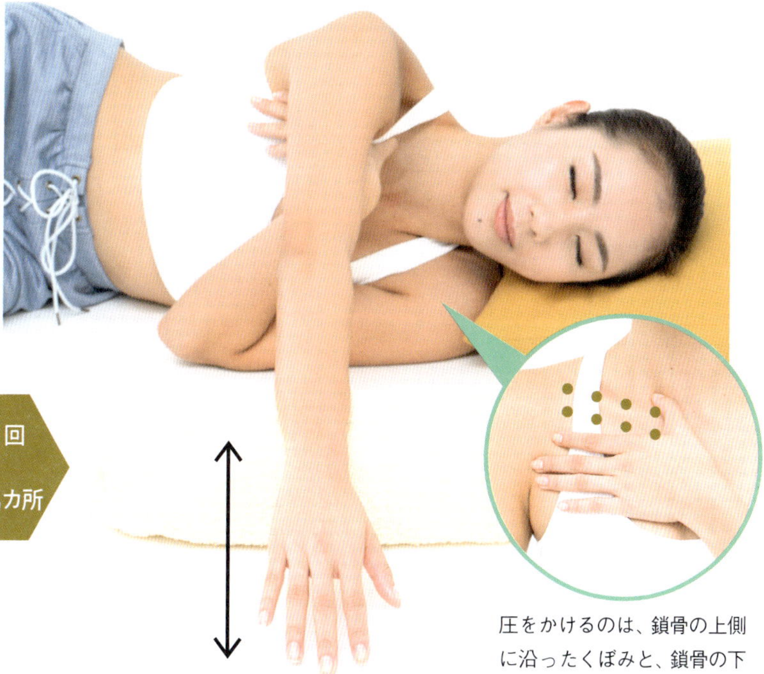

圧をかけるのは、鎖骨の上側に沿ったくぼみと、鎖骨の下側に沿ったそれぞれ4カ所。片側ずつ行い、両側計16カ所で行うと、鎖骨まわりがまんべんなくほぐれる。

上側の手を、タオルを転がすように前後にゆらゆら動かしながら、鎖骨の上に当てた親指で圧をかける。これを10回行い、鎖骨の内側から外側に向かった計4カ所と、鎖骨下の4カ所でも同様に繰り返す。体の向きを変えて、反対側も行う。

デコルテを美しく

リンパの滞りを改善して表情も明るく映る

1 鎖骨の内側のくぼみを指をずらしながらほぐす

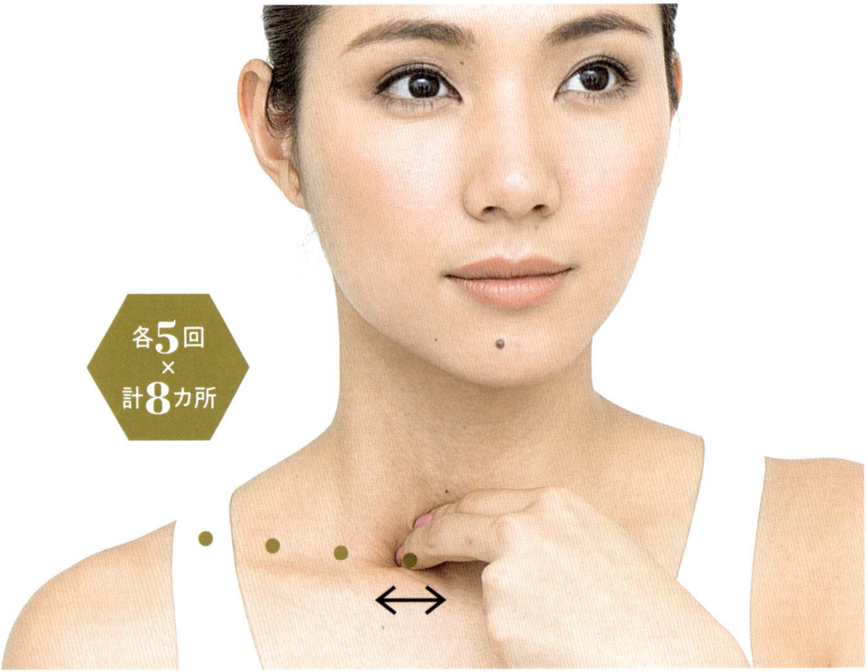

人さし指と中指をそろえて、鎖骨の内側にあるくぼみをやや強めに押す。さらに左右に2cmほど指をスライドさせて、奥にある骨や筋肉を感じるくらいしっかりめの圧でほぐしていく。鎖骨の中心から外側に向かって片側4カ所、計8カ所で行う。

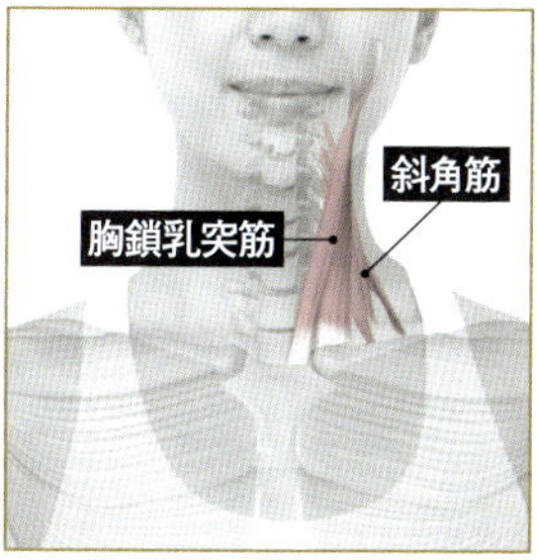

アプローチするのはココ！

鎖骨が埋まったデコルテは、思った以上に老け見えの原因になります。「鎖骨リンパ節」が集まる部分でもあり、鎖骨につながる首の「斜角筋《しゃかくきん》」「胸鎖乳突筋《きょうさにゅうとつきん》」も同時にほぐすと、リンパの流れが一気に改善。巡りがよくなり、デコルテがぱっと明るくなるレフ板効果で、表情も見違えます。

2 「うんうん」「いやいや」の動きで凝りの強い部分をさらにほぐす

交互に
5セット
×
2回

1でほぐしたときに、特に痛みや凝りを感じた部分を指2本で押さえ、首を「うんうん」と上下、「いやいや」と左右に小さく振り、交互に5セット行う。これを2回繰り返し、ほかにも気になる部分があれば同様に行う。

for the body

ダイエットケア

ダイエットをするなら、効率よく脂肪を燃やせる体づくりが不可欠。そこでまずお薦めなのが、深い呼吸で全身の代謝を高めるベーシックケア。硬直した筋肉や脂肪をダイレクトに狙って、やせボディを手に入れましょう。

① やせやすい体質に――P102

胸や肋骨まわりの緊張をほぐし、呼吸を深くすることで全身の代謝がアップ。滞ったリンパを押し流す効果も。

② 下腹のたるみ――P104

お腹のセルライトを「揺らしもみ」で分解・排出。皮下脂肪や老廃物の代謝も促し、お腹まわりがすっきり！

③ ウエストのくびれ――P106

骨盤と背骨をつなぐ筋肉をほぐし、左右差を調整。骨盤の動きを引き出し、ウエストのくびれを取り戻します。

この部分にアプローチ!

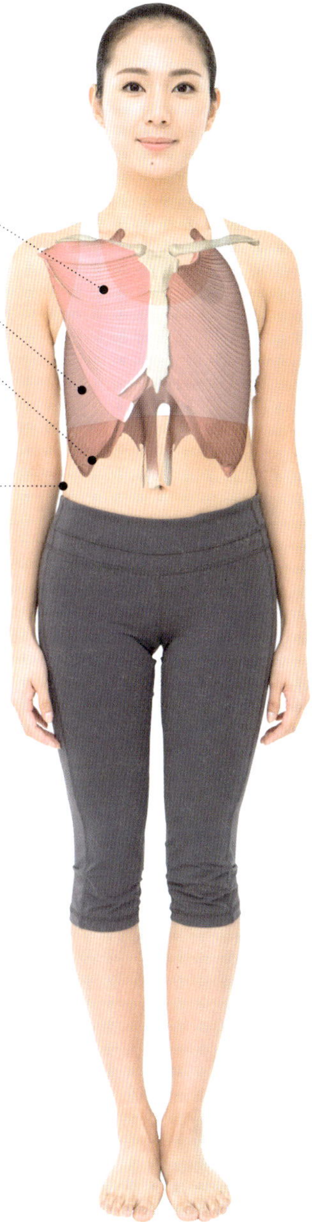

大胸筋《だいきょうきん》
肋間筋《ろっかんきん》
横隔膜《おうかくまく》
▼

1 **やせやすい体質に**

2 **下腹のたるみ**

BACK

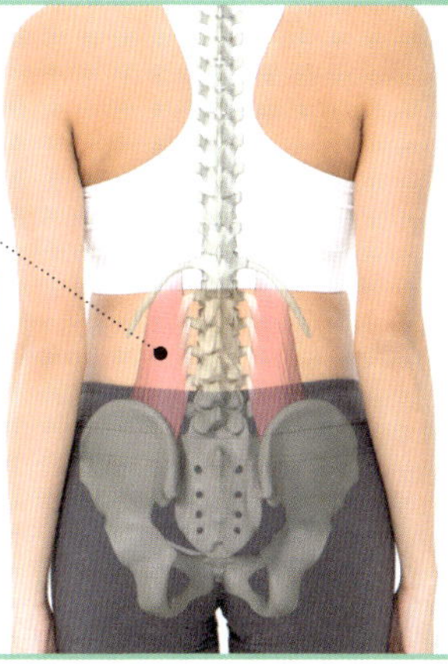

腰方形筋《ようほうけいきん》
▼

3 **ウエストのくびれ**

やせやすい体質に

肋骨の緊張をゆるめて深い呼吸で代謝をアップ

1 肋骨の間を指先でほぐす

胸の中心にある肋骨のきわに、反対側の手の人さし指と中指2本をそろえて垂直に立て、「うにうに」と揺らすように5往復してほぐす。さらに位置を少しずつずらして鎖骨の下までまんべんなくほぐし、反対側も行う。

5往復ずつ×計2列

2 鎖骨下をこぶしでほぐす

鎖骨の下に反対側の手のこぶしを当て、左右に2cmほどスライドさせながら、骨まで圧をかけるようにほぐす。位置をずらしながら片側3カ所、反対側も同様に行う。

各10回×計6カ所

軽く握ったこぶしの第一関節～第二関節間にある平らな面を使う。

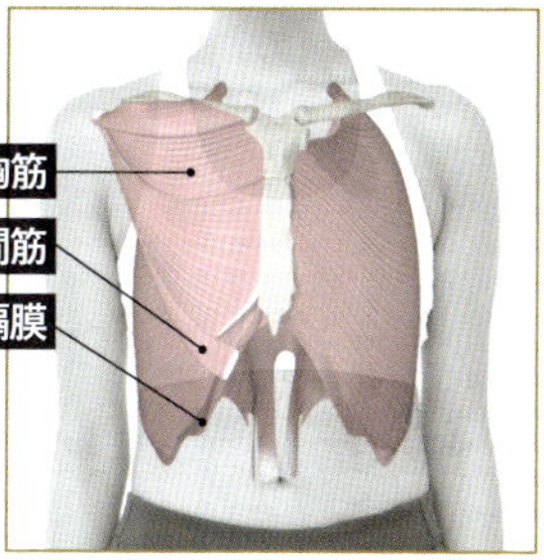

アプローチするのはココ！

ダイエットが目的なら、深い呼吸で全身の代謝を改善することが不可欠。そこでまずは「肋間筋《ろっかんきん》」と「大胸筋《だいきょうきん》」のマッサージで胸の緊張をほぐして。続いて肋骨まわりと、肺の底で上下する筋肉「横隔膜」を柔軟にすれば、周辺のリンパを押し流すポンプ機能も高まります。

3　肋骨の脇をさする

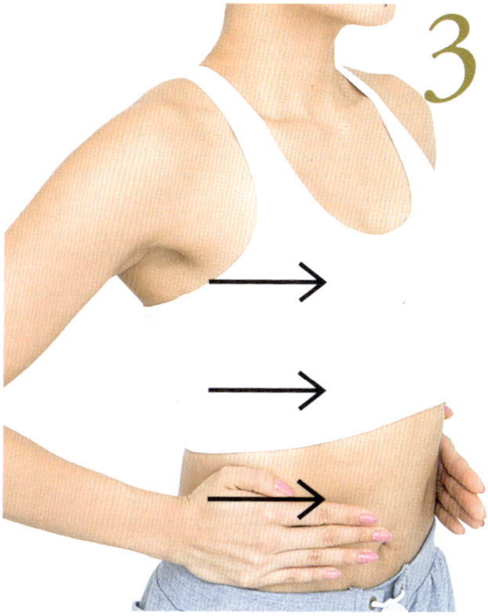

両手で肋骨をギュッとはさみ、前へしごくようにリズミカルに3回さする。おへそ・みぞおち・胸の高さと、下から上へ位置をずらしながら行い、これを3セット繰り返す。

3カ所
×
3セット

4　深い呼吸で横隔膜を動かす

口から大きく息を吐き、肋骨をはさむように手で両脇を押さえてキープする。続いて、このまま鼻から大きく吸い、両手が横に広がるように横隔膜が動くのを意識。両脇を手で押さえたまま、深い呼吸を5回繰り返す。

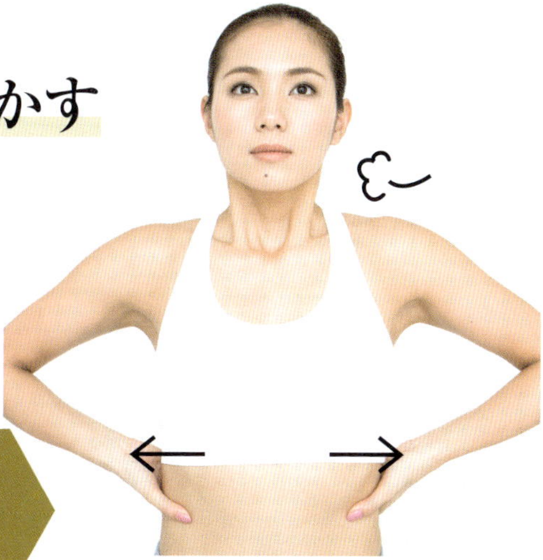

5回

下腹のたるみ

皮下脂肪やセルライトを揺らしてもみほぐす

脂肪の気になる部分をつかんで
脚を揺らす力を使ってもみほぐす

あお向けになって脚をぴったり閉じ、両ひざを立てる。両手の指先で、おへその脇で脂肪が気になる部分をつまみ、息を吐きながら、両ひざを左右にユラユラと小刻みに揺らす。手の位置をずらしながら繰り返し、おへそのまわりを中心にもみほぐしていく。

10往復 × 7カ所

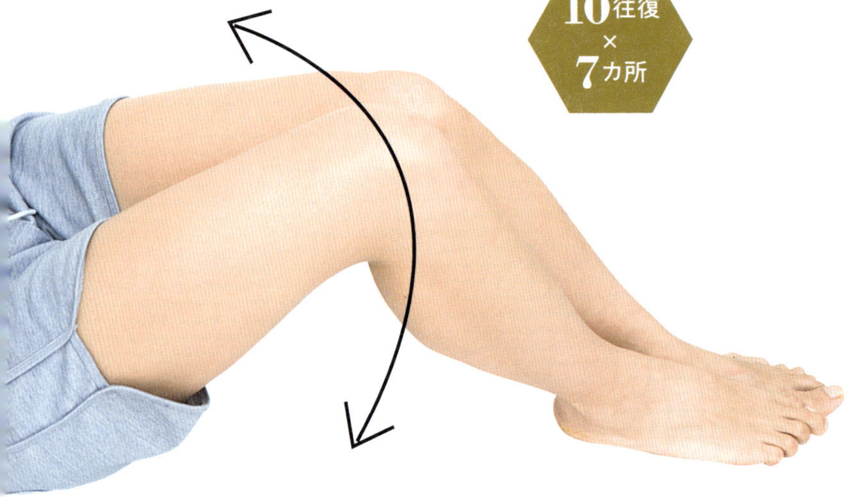

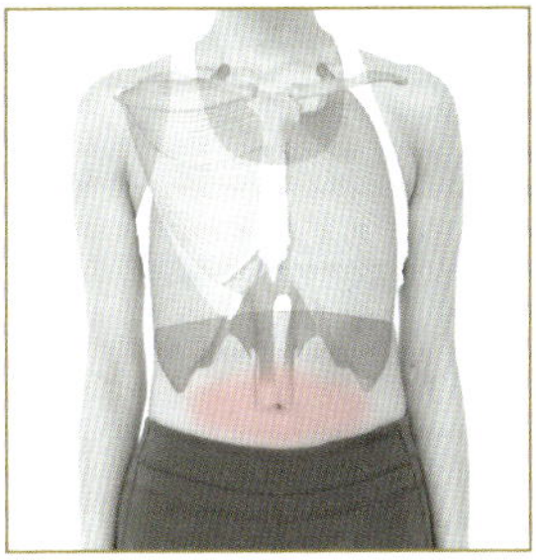

アプローチするのはココ！

お腹のセルライトをほぐして分解・排出するケアのポイントは「揺らしもみ」。気になる部分を深くつまみ、脚を揺らしてもみ出すことで、たまった皮下脂肪や老廃物の代謝を促進。お腹まわりが驚くほどすっきりします。リンパが集中する部分の滞りを改善し、腸の働きをよくする効果も！

親指と4本指ではさむように、
脂肪をできるだけ深くつまむ。
時計回りで7カ所に分けて。

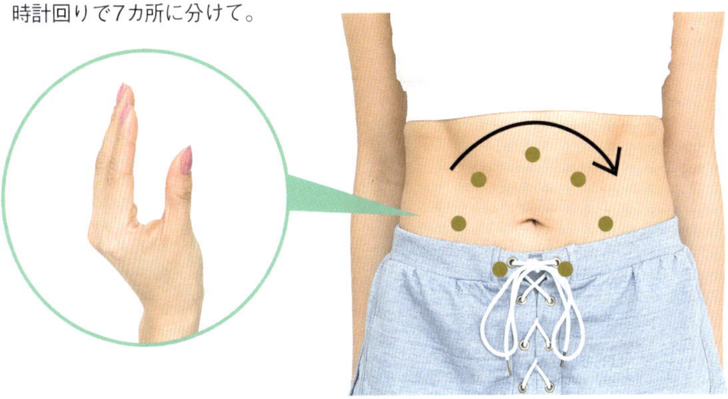

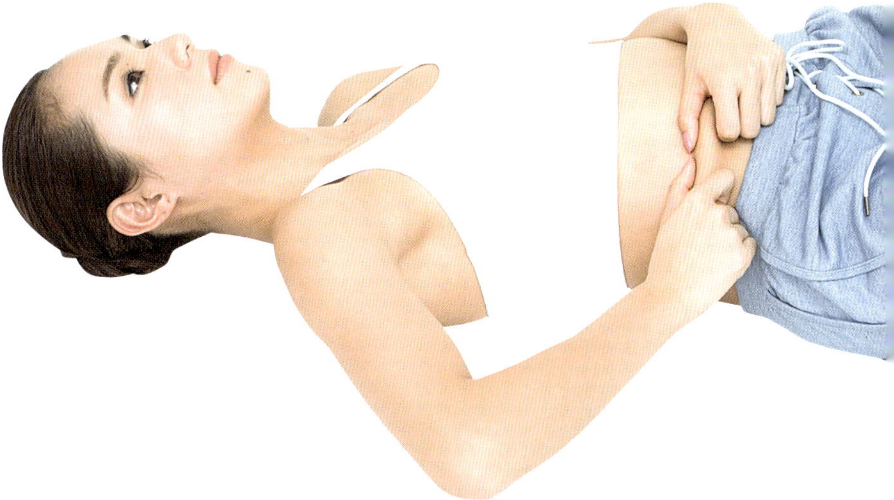

ウエストのくびれ

骨盤の動きを引き出しながらゆがみを調整

脚をパタパタ倒しながら
腰の筋肉を深くとらえてほぐす

あお向けになって両脚をぴったり閉じ、両ひざを立てる。さらに両手を腰のくびれに当て、親指が当たる「腰方形筋」の部分をしっかり押さえながら、両ひざをパタパタ倒して左右に10往復する。親指を1cm上にずらし、同様に繰り返す。

10往復
×
2カ所

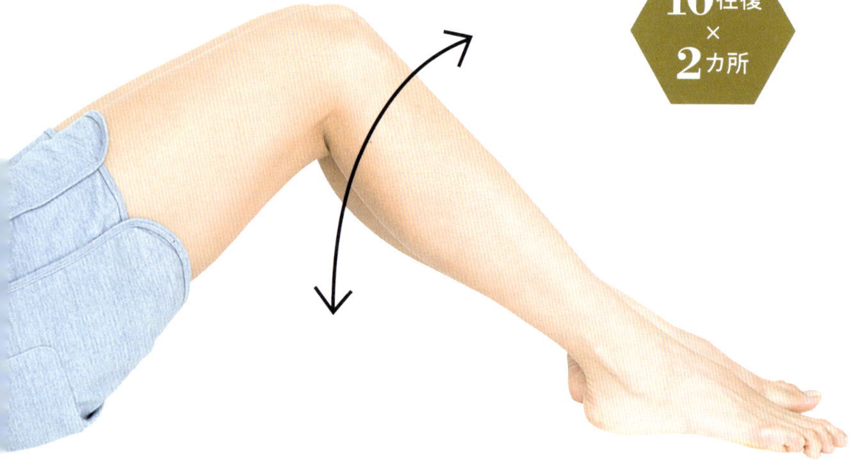

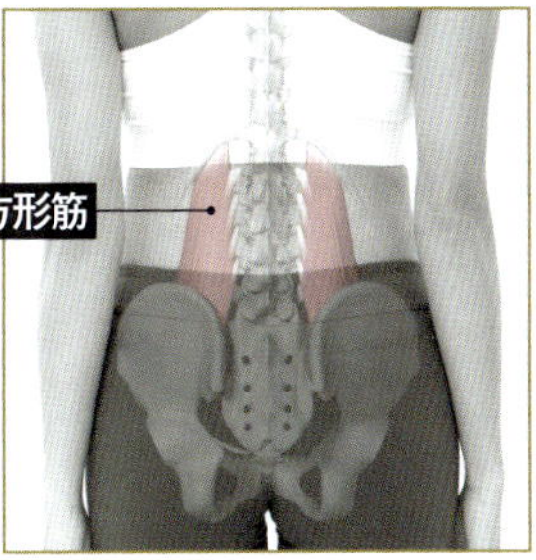

アプローチするのはココ！

骨盤と背骨（腰椎）をつなぎ、体を横に倒すときに働く「腰方形筋《ようほうけいきん》」が硬く縮むと、骨盤がスムーズに動かずウエストが太くなる原因に。お薦めは、筋肉をしっかりとらえながら動かし、筋肉の弾力を取り戻すケア。骨盤の左右差が調整され、ウエストに自然なカーブが生まれます。

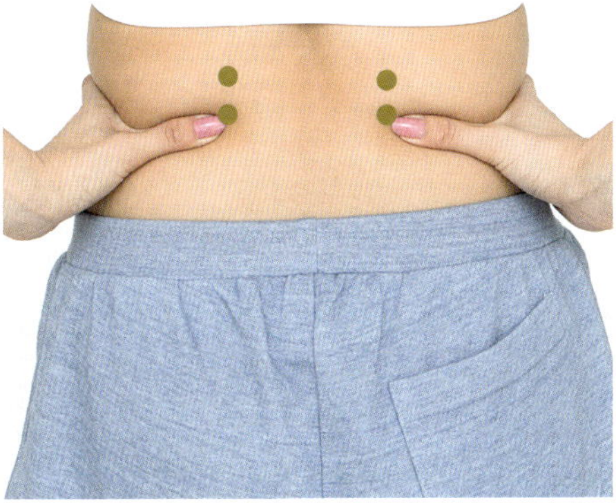

両手を腰のくびれに当てると、親指の当たるところが腰方形筋。ここと、親指を1cm上にずらしたところの2カ所をほぐす。

for the body

お尻・背中のケア

ボヨンと広がった背中に、たるんだお尻……。自分では見えにくい部分だけに、年齢が出やすい後ろ姿は忘れずケアしたいもの。姿勢の悪化でうまく使われない筋肉を中心に、本来の動きを引き出して引き締めましょう。

① 四角いお尻 —— P110
お尻の横にある筋肉の動きを引き出すことで横に張り出した股関節を整え、プリッと美しい桃尻に導きます。

② 垂れ尻 —— P112
長く垂れ下がったお尻の凝りを揺らしてほぐし、筋肉の反応を引き出すダブルケアで、お尻全体を引き上げて。

③ 二の腕のたるみ —— P114
PC作業などでひじが曲がり、前後とも硬直した腕の筋肉を同時にケア。老廃物を排出し、脂肪の燃焼を促します。

④ オバさん背中（背中のたるみ） —— P116
美しい姿勢に欠かせない背中の筋肉を集中ケア。日頃あまり動かさない部分を刺激すれば、猫背の改善にも。

⑤ ブラのはみ肉 —— P118
肩甲骨を寄せる筋肉の動きを引き出しながら、正しい位置に調整。はみ出したぜい肉をすっきり引き締めます。

この部分にアプローチ!

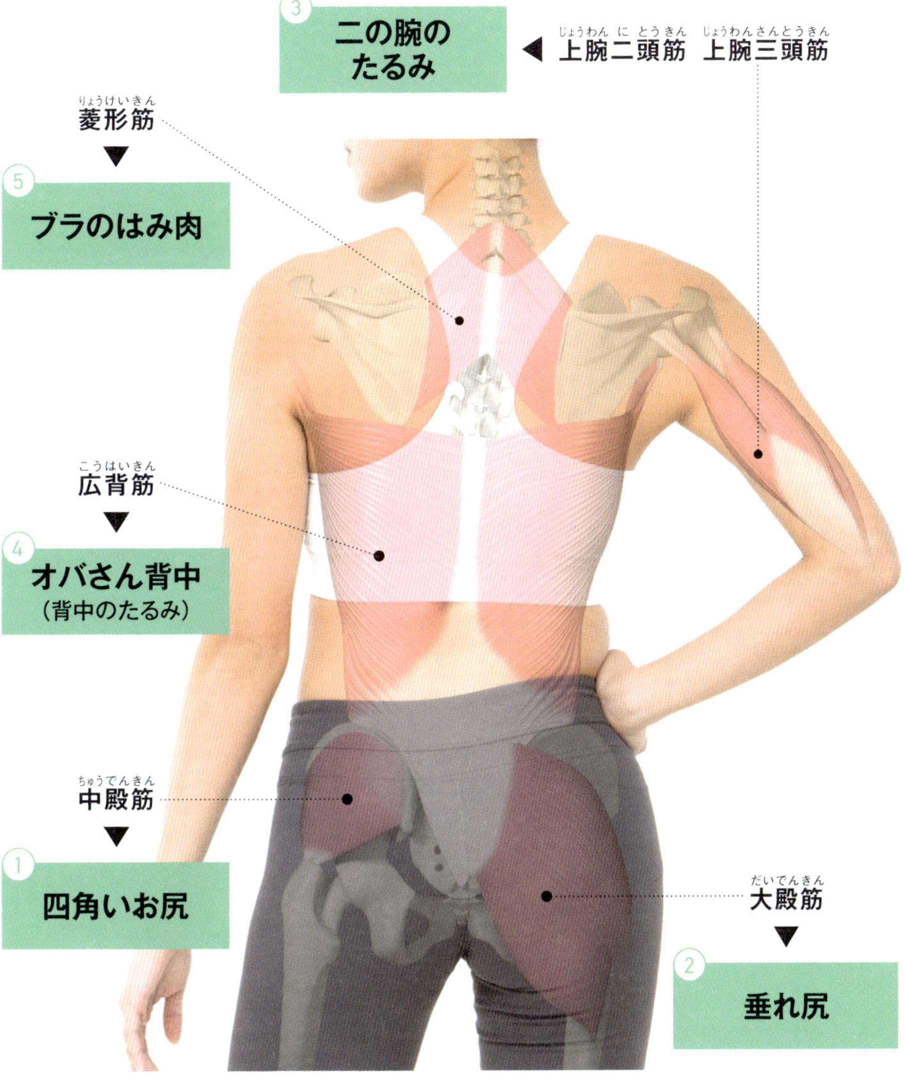
3
二の腕の
たるみ
◀ 上腕《じょうわん》二《に》頭筋《とうきん》 上腕三頭筋《じょうわんさんとうきん》
菱形筋《りょうけいきん》
▼
5
ブラのはみ肉
広背筋《こうはいきん》
▼
4
オバさん背中
(背中のたるみ)
中殿筋《ちゅうでんきん》
▼
1
四角いお尻
大殿筋《だいでんきん》
▼
2
垂れ尻

四角いお尻

お尻の横を鍛えて股関節の張り出しを抑える

1 横向きで脚を曲げ 骨盤の真下を手で押さえる

横向きに寝て、頭が真っすぐになるように枕やクッションを置く（高さが足りない場合はタオルなどで調整する）。両脚はひざを曲げて上下にぴったり重ねてそろえ、お尻の上部で、骨盤の真下を手でつかむように押さえる。

後ろから見たところ

骨盤の左右でいちばん高い部分（腸骨稜《ちょうこつりょう》）から大腿骨につながるのが中殿筋。ここにしっかり手を当てる。

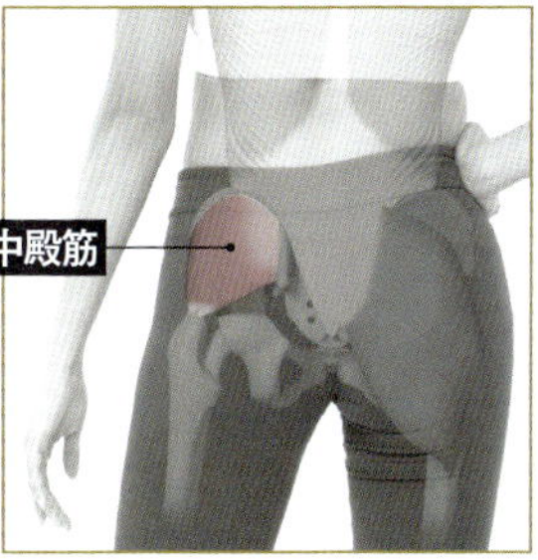

アプローチするのはココ！

ターゲットになる筋肉は、お尻の横で脚を外に動かすときに使われる「中殿筋《ちゅうでんきん》」。ここがうまく使えないと、お尻の穴をうまく締めることができず、股関節が横に張り出してお尻が四角く見えてしまいます。股関節を開閉する動きとともに、眠っていた中殿筋を目覚めさせましょう。

2 筋肉の動きを感じながらひざの開閉を繰り返す

骨盤の下に手を当てたまま、上側のひざをゆっくり開いて閉じる動きを20回繰り返す。このとき、手に触れた中殿筋が動くのを意識して。反対側も同様に行う。

20回

垂れ尻

衰えた筋肉を揺らしてほぐし反応を引き出す

1 お尻の気になるところをつまみフリフリ揺らしてほぐす

楽な姿勢で立ち、同じ側の手でお尻を深くつまむ。そのまま「右・右、左・左」と2回ずつお尻をフリフリ揺らして、左右交互に10往復する。位置を変えながら片側で3カ所、反対側も同様に行う。

10往復
×
計6カ所

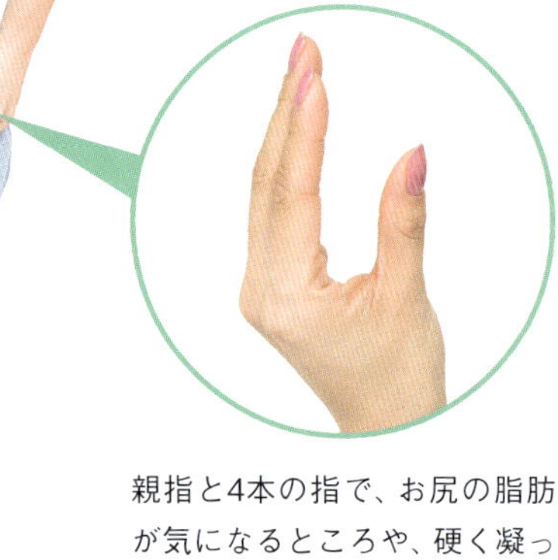

親指と4本の指で、お尻の脂肪が気になるところや、硬く凝った部分を深くはさんでつまむ。

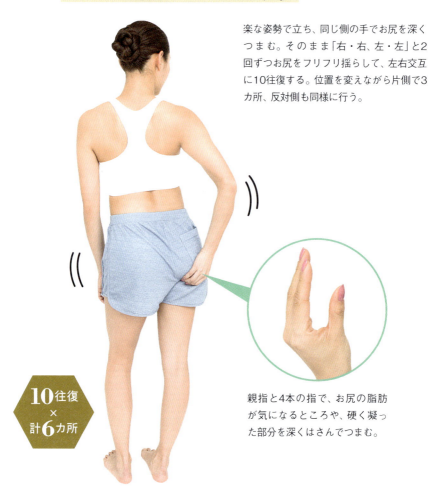

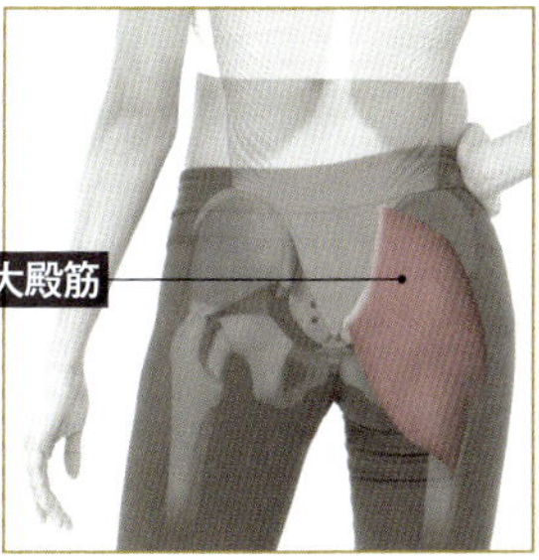

アプローチするのはココ！

お尻が縦長な人は、股関節を伸ばしたり、外に開くときに働く「大殿筋《だいでんきん》」が長く垂れ下がった状態。お尻が凝っている人は意外に多く、まずは手でつかんで揺らしてもみほぐし、脚をけり出す動きで筋肉の反応を引き出しましょう。筋力で、お尻全体がプリッと引き上がります。

2 お尻をつまんだまま ひざを引き寄せてキック

片手を壁につき、反対の手でお尻の下側をしっかりはさむ。そのまま同じ側のひざを引き寄せたら、かかとを突き出して後ろへキック。このとき、お腹を引き締めて行うように意識して。5回繰り返したら、反対側も同様に。

二の腕のたるみ

筋肉を全方位的にほぐして脂肪の燃焼を促進

1 手のひら全体で包むように 二の腕をはさむ

腕を軽く曲げ、反対の手で二の腕をつかむ。親指は腕の裏側に、4本の指は前側に当てて、手のひら全体がフィットするように、脂肪と筋肉を深くしっかりつかんで。

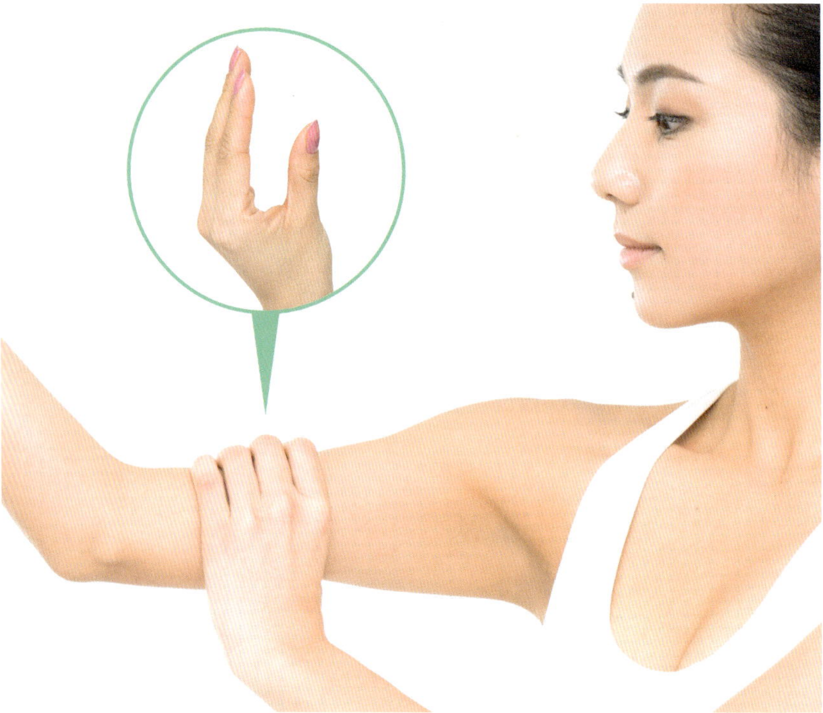

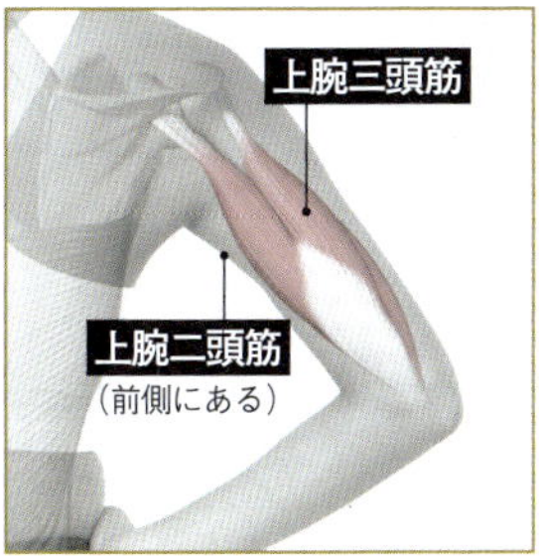

アプローチするのはココ！

パソコン作業などでひじを曲げっぱなしで、二の腕の筋肉がうまく使えない人は多いもの。ここでは、腕の前側でひじを曲げる「上腕二頭筋《じょうわんにとうきん》」、ひじを伸ばす後ろ側の「上腕三頭筋《じょうわんさんとうきん》」を同時にケア。筋肉をはさむようにとらえ、動かすことで老廃物の排出や血流を促し、たまった脂肪を燃焼します。

2 筋肉の動きを感じながら腕を曲げ伸ばしする

二の腕をつかんだまま、ひじの曲げ伸ばしを繰り返す。曲げるときはなるべく深く、伸ばすときは、ひじが真っすぐになるよう意識して、筋肉の動きを感じながら10回繰り返す。位置をずらしながら片側3カ所行う。反対側も同様に行う。

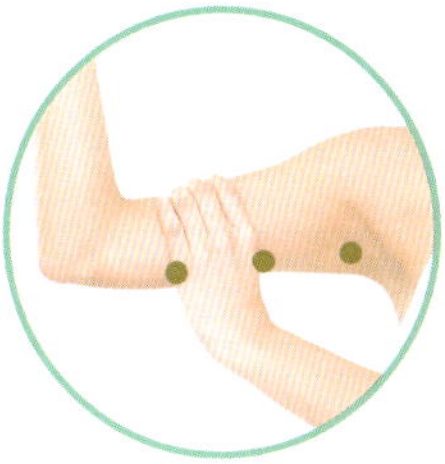

脂肪や筋肉のコリが気になる部分を中心に、位置をずらしながら片側3カ所ずつ行う。

各10回 × 計6カ所

オバさん背中（背中のたるみ）

腕を下げる動きで美姿勢をつくる筋肉を刺激

1 お尻を引き締めて立ち タオルを持って腕を伸ばす

両足を腰幅に開いて立ち、お尻をキュッと内側に締めておく。さらに、両手の親指を前にしてタオルの両端を持ったら、腕を伸ばして頭の上に上げる。

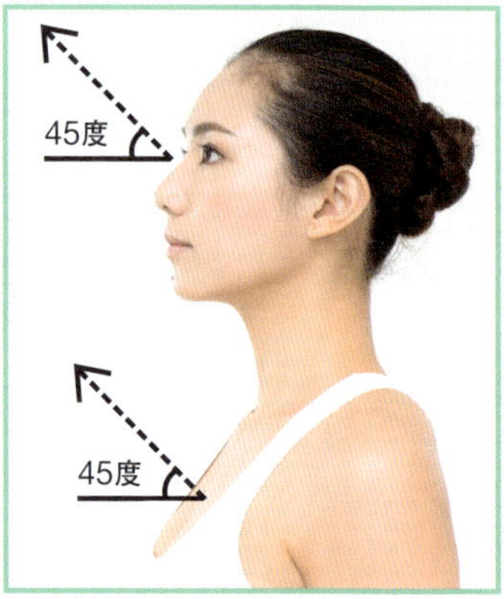

あごを引きながら、目線とデコルテが常に斜め45度になるようにする。

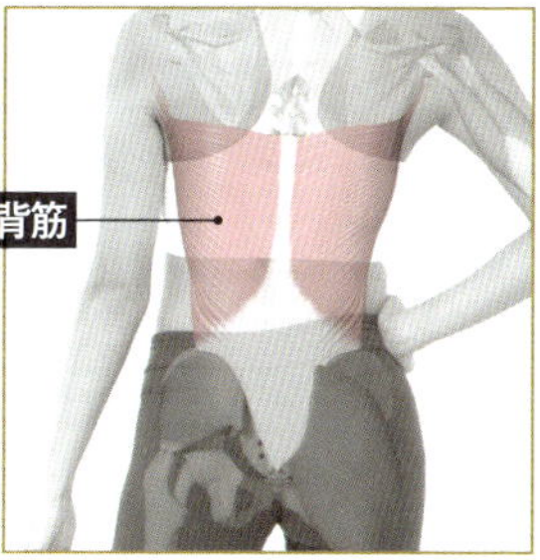

アプローチするのはココ！

「広背筋《こうはいきん》」は美しい姿勢をつくるのに不可欠な筋肉ですが、きちんと使えていない人が多いもの。背中が広く、もたついたオバさん姿勢の改善には、普段の生活には少ない腕を下げる動きで、筋肉へ刺激を与えましょう。肩が上がりぎみな人、猫背の人にもお薦めです。

2　タオルをぴんと張ったまま両手を背中の方へ引き下げる

タオルをぴんと張ったまま、息を吐きながら、両手を背中側にゆっくり引き下げていく。ひじが肩の位置まできたら、息を吸いながら両手を上げ、これを20回繰り返す。あごが上がったり、腰が反ったりしないように注意。

20回

ブラのはみ肉

肩甲骨の位置を整えて背中をすっきり美しく

1　脇を締めて ひじを伸ばし 親指を内側にして タオルをつかむ

足幅をこぶし一個分くらい開いて立ち、後ろに手を回して、親指を内側にしてタオルの両端をつかむ。ひじを伸ばして、脇はしっかり締めた状態を常にキープしておくこと。

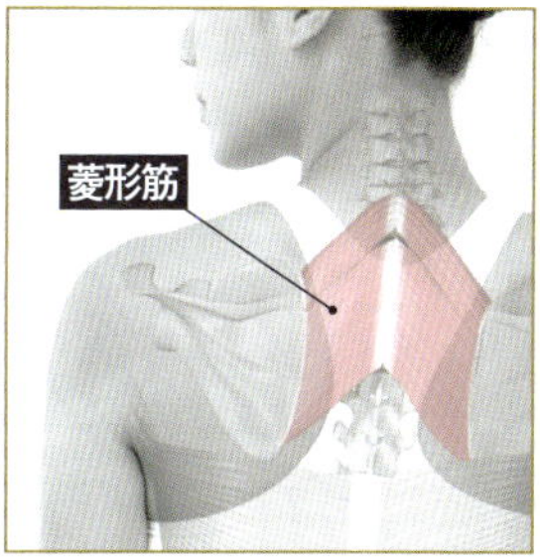

アプローチするのはココ！

ブラの背中にはみ出した肉は、背骨につながり肩甲骨を寄せる「菱形筋《りょうけいきん》」の硬直が大きな原因です。そこでお薦めは、タオルのサポートで腕を外旋させ、意識しづらい菱形筋の動きを引き出すケア。肩甲骨を正しい位置に整えることが、すっきり美しい背中に見せる秘訣です。

2 二の腕を外側に開いて肩甲骨を中央に寄せる

腕を伸ばして脇を閉めたまま、二の腕を外側に開くようにくるっと返して肩甲骨を寄せる。お腹は軽く引き締め、肩甲骨を中央に寄せる意識を持ちながら、20回繰り返す。

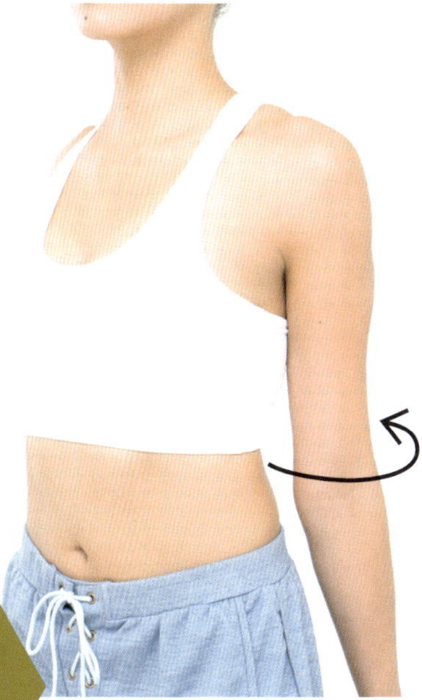

20回

肩甲骨を中央に寄せるように意識しながら二の腕を開く。お腹を軽くへこませて、腰は反らせないように注意。

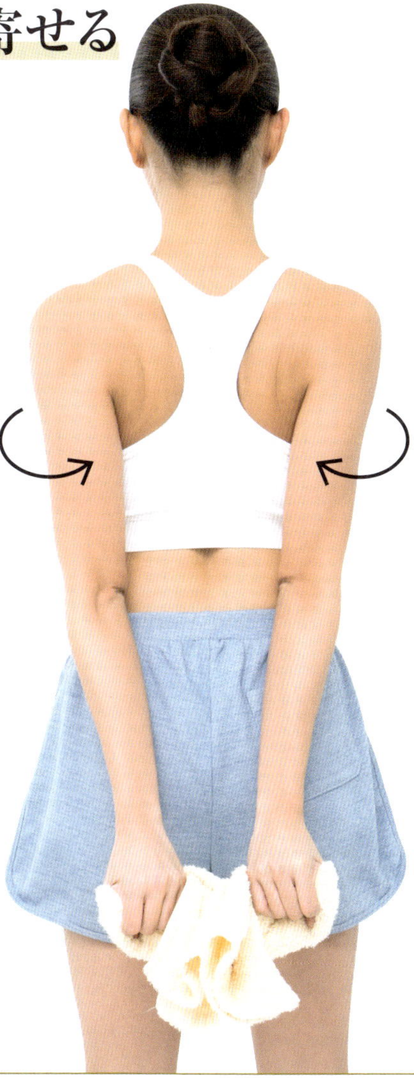

for the body

脚やせ&矯正ケア

太ももは、全身の中で最も大きな筋肉が集まる部分。姿勢のゆがみによる影響も受けやすく、偏った重心が筋肉を硬直させ、周辺を太くします。深層部からしっかりほぐすケアで、内側から引き締まった下半身を目指しましょう。

① 太ももの脂肪 ——— P122

うまく使えず硬くなった内ももの筋肉を深層からケアして、周囲にたまった脂肪の分解・排泄をスムーズに促進。

② 太ももの張り ——— P124

重心が偏って硬直した前もも・外ももの筋肉をほぐして弾力を復活させ、スラリとした脚を取り戻します。

③ 脚を真っすぐに ——— P126

骨格を引っ張ってゆがませる太もも裏の硬直をケア。筋肉の柔軟生を引き出し、下半身のバランスを整えます。

この部分にアプローチ！

3 脚を真っすぐに ◀ ハムストリングス

1 太ももの脂肪 ◀ 内転筋群《ないてんきんぐん》

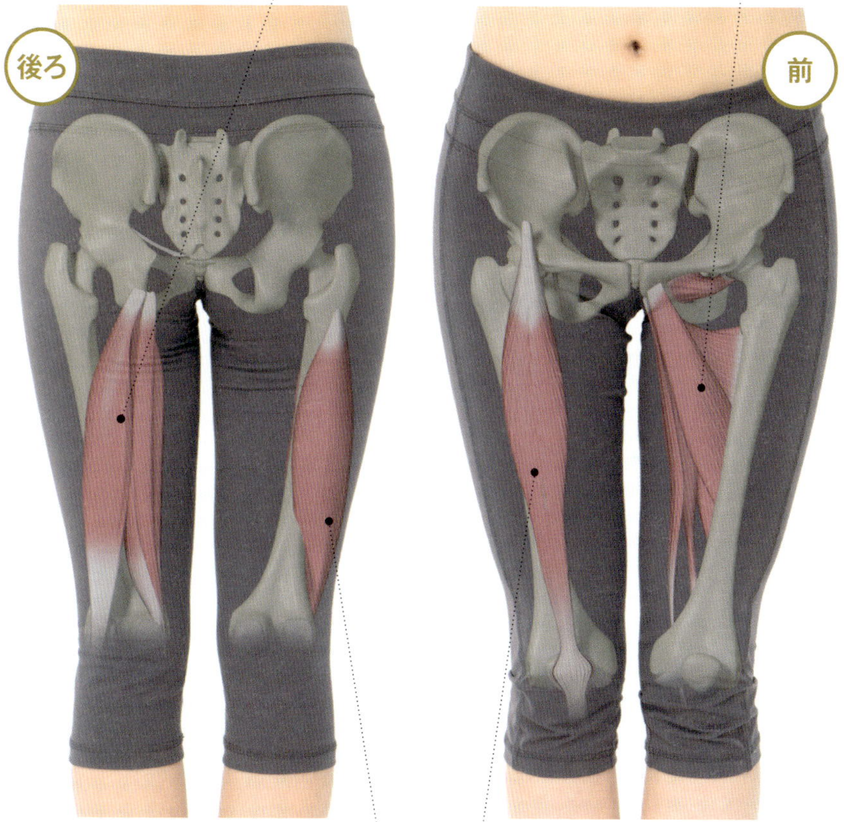

2 太ももの張り ◀ 外側広筋《がいそくこうきん》　大腿直筋《だいたいちょっきん》

太ももの脂肪

内ももの筋肉を深層からほぐして脂肪を排泄

両手のひらを重ね合わせて体重をかけると、少ない力で楽にほぐせる。骨をほぐすイメージで、内ももの筋肉をしっかりとらえて。

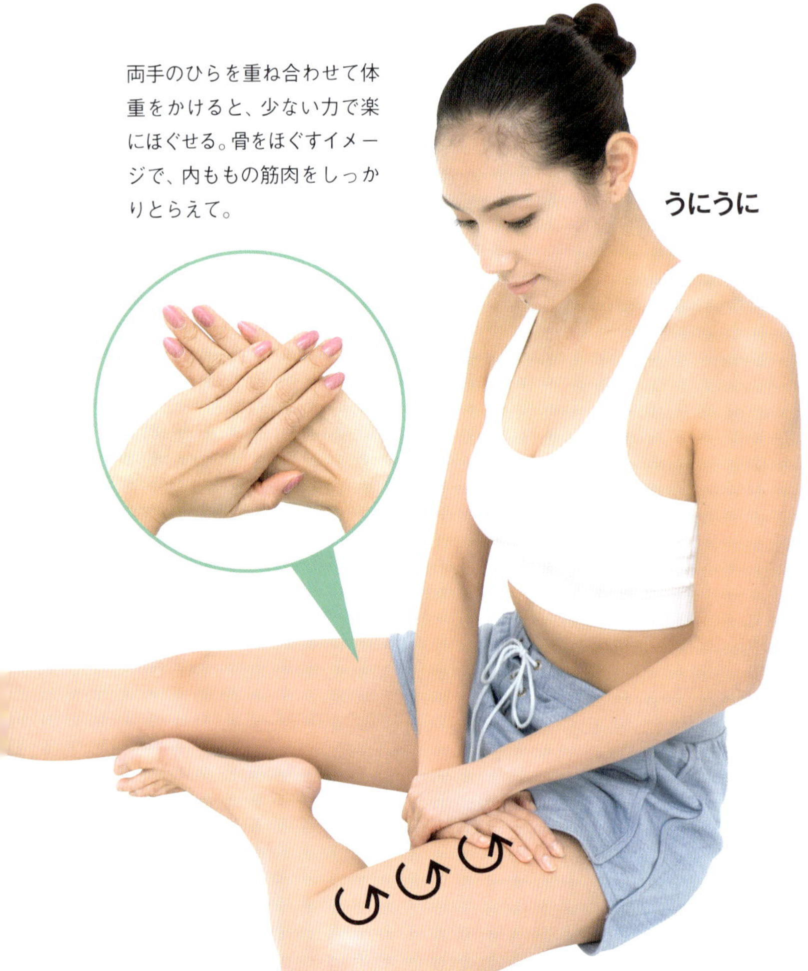

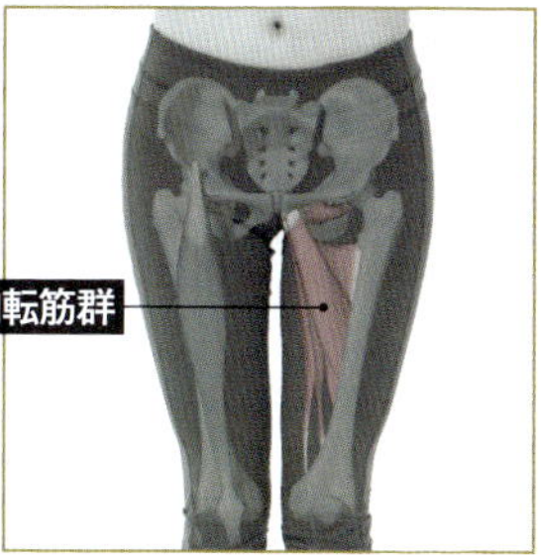

アプローチするのはココ！

太ももの内側には、骨盤から脚の骨につながる「内転筋群《ないてんきんぐん》」があります。脚を閉じるときに働く筋肉ですが、太ももに脂肪がついている人は、ここがうまく使えていないケースが大多数。ぜい肉でたるんだ内ももを深層の筋肉からほぐすケアで、脂肪の排泄をスムーズに促します。

両手で小さく円を描きながら内ももを「うにうに」と揺らしてマッサージ

あぐらをかくように片ひざを曲げ、脚を床に寝かせて行う（もう片方の脚は楽な位置に置く）。両手のひらを重ねて、ひざ上の内側〜そけい部を、小さく円を描きながら「うにうに」と揺らすように、少しずつ位置をずらして内ももをマッサージしていく。

30秒

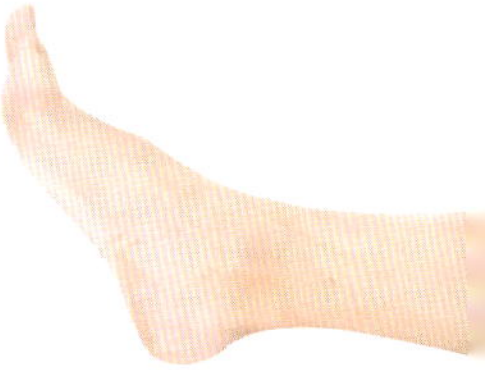

太ももの張り

使いすぎた筋肉の硬直を深層からじんわりほぐす

1　ひざ下にタオルを置いて前ももを「うにうに」とほぐす

片脚を伸ばして座り、ひざ下に丸めたタオルを置いておく。両手のひらを重ね合わせて体重をかけながら、ひざ上～そけい部を、小さく円を描き、ほぐす。

30秒

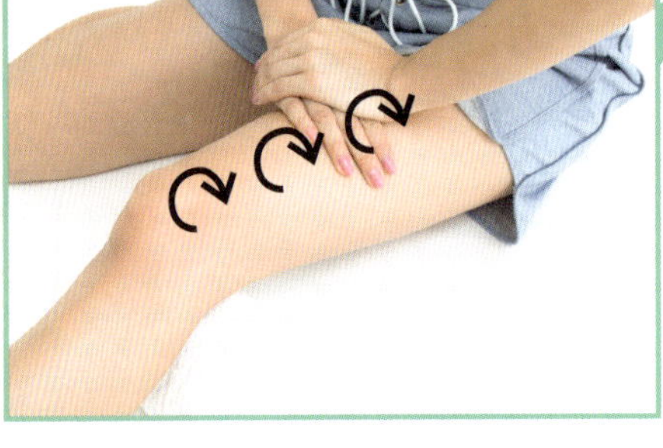

「うにうに」と揺らすように円を描き、少しずつ位置をずらしながらマッサージ。

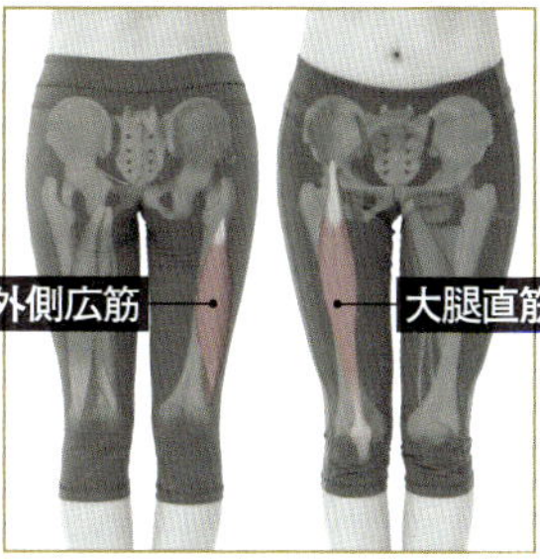

アプローチするのはココ！

細身のパンツで太ももがパンパンに張り出すのは、筋肉がうまく使えていない証拠。前かがみの姿勢で前側の「大腿直筋《だいたいちょっきん》」に重心が偏って、外側の「外側広筋《がいそくこうきん》」を使いすぎた状態です。深層からほぐして筋肉の硬直をじんわりゆるめ、弾力を復活させましょう。

2 ひざを内側に倒して脚を寝かせ太ももの外側もマッサージ

ひざ下のタオルを取り、ひざを内側に倒して脚を寝かせる。両手のひらで体重をかけながら、ひざ〜脚の付け根を、小さく円を描いて外側も同様にほぐしていく。

30秒

脚を真っすぐに

もも裏の硬直をケアして下半身の骨格を整える

1 テニスボールを太もも裏に置き背すじを伸ばして椅子に座る

椅子に座って背すじを伸ばし、足首を90度にして床につける。この姿勢から、片方のもも裏3カ所にテニスボールを置いて行う。

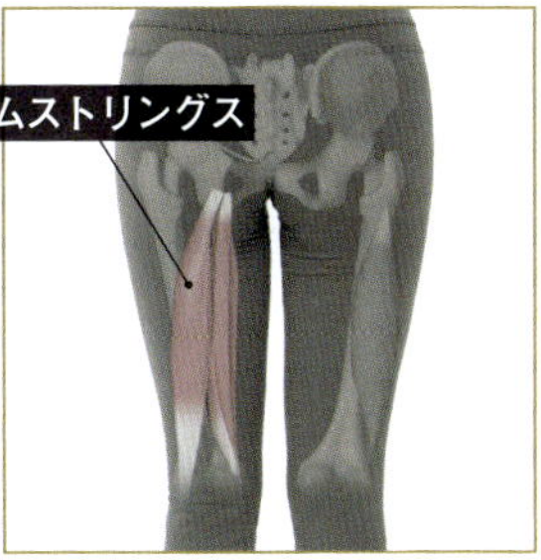

アプローチするのはココ！

太もも裏の「ハムストリングス」は、加齢によって特に衰えやすい筋肉。股関節やひざの動きにかかわり、ここが硬直して縮むと、下半身の骨格がゆがむ大きな原因になります。そんな場合はテニスボールで圧をかけて脚を動かし、筋肉の柔軟な動きを引き出しながら整えるケアで対策を。

2 ひざを曲げ伸ばししながら太ももの裏をほぐす

かかとを90度にキープしたまま、テニスボールの圧を感じながらひざを10回曲げ伸ばしする。ボールの位置をずらしながら繰り返し、反対側も同様にして。

各10回 × 計6カ所

for the body

ひざ下のケア

体のいちばん下で体重を支えるひざ下は筋肉の使われ方がアンバランスになりやすく、関節にゆがみ・ねじれが生じがち。そこで深層部分への刺激で筋肉をほぐし、ポンプ機能を高めるケアを。血液やリンパを押し流し、すっきり引き締めて。

関節の深い部分からねじれをとり、さらに筋肉の硬直をケアします。リンパが流れ、足首のラインがくっきり。

偏った使い方で硬く凝った筋肉を前後まんべんなくほぐし、滞ったリンパを筋肉の力で押し流します。

年齢が出やすい部分は、筋肉の間に滞った老廃物を押し流すケアを。セルライトを排出し、皮膚を引き上げます。

この部分にアプローチ!

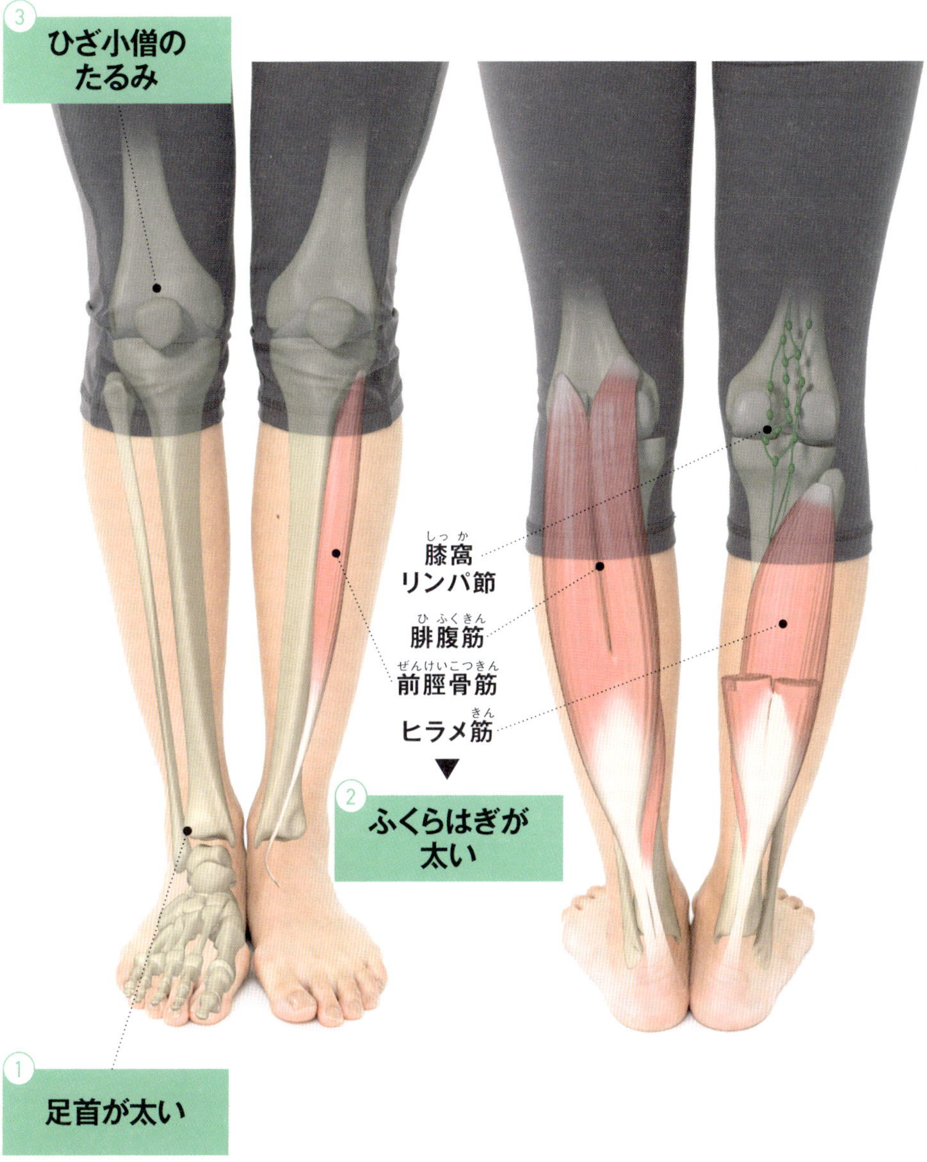
3
ひざ小僧のたるみ
膝窩《しっか》リンパ節
腓腹筋《ひふくきん》
前脛骨筋《ぜんけいこつきん》
ヒラメ筋《きん》
2
ふくらはぎが太い
1
足首が太い

足首が太い

ねじれ・むくみをとってアキレス腱がくっきり

1 つま先を上げ下げする動きで足首の深部をとらえる

両手で足首を包むように持ち、足首の正面で、すねの2本の骨の間にあるくぼみに親指を入れる。人さし指はくるぶしの骨の下をとらえ、かかとをしっかり床につけたまま、つま先の上げ下げを繰り返す。

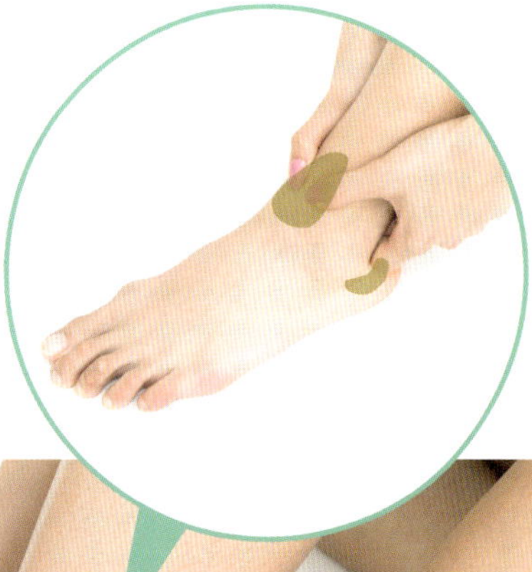

10回

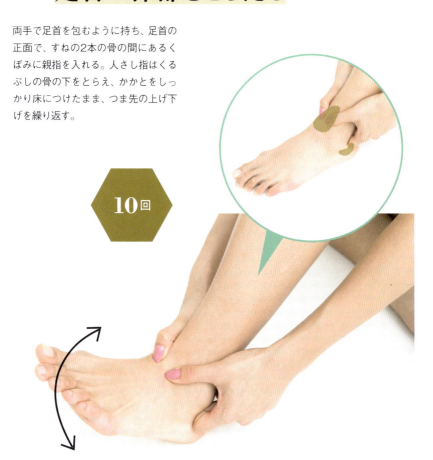

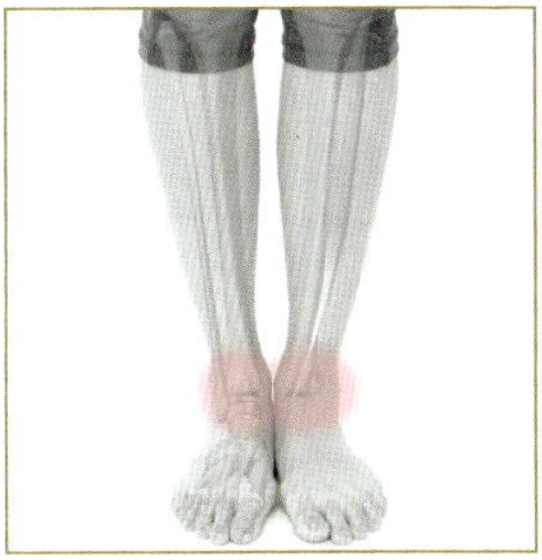

アプローチするのはココ！

実は少しくらい脚が太くても、キュッと締まった足首があれば、そのメリハリで細く見えるもの。筋肉がなく、ゆがみのクセが出やすい部分なので、関節の深い部分を動かしてほぐし、凝り固まった筋肉をほぐすケアを。老廃物がスムーズに排出され、埋もれていた足首のラインが復活します。

2 くるぶし〜アキレス腱を掘り起こすようにほぐす

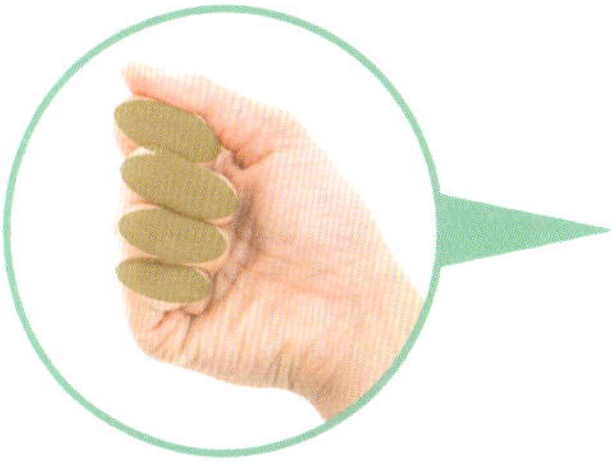

握りこぶしの第一関節〜第二関節間の平らな面を使う。

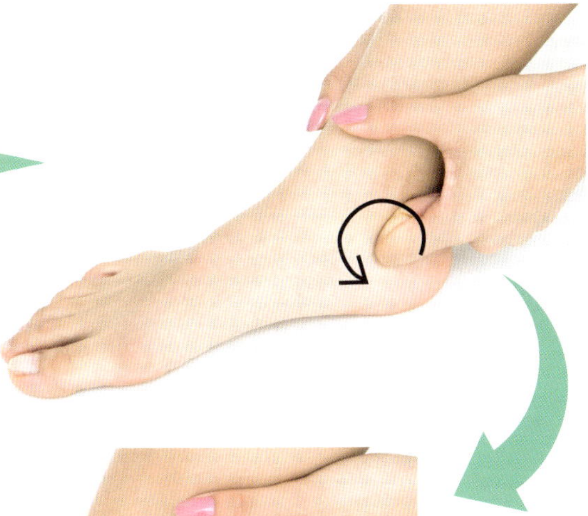

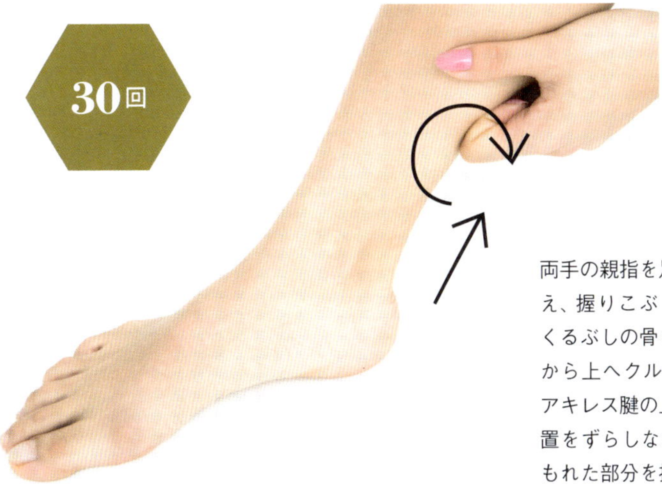

30回

両手の親指を足首の前に軽く添え、握りこぶしの平らな面で、くるぶしの骨をなぞるように下から上へクルクルと円を描く。アキレス腱の上まで少しずつ位置をずらしながら、むくんで埋もれた部分を掘り起こすようにほぐしていく。

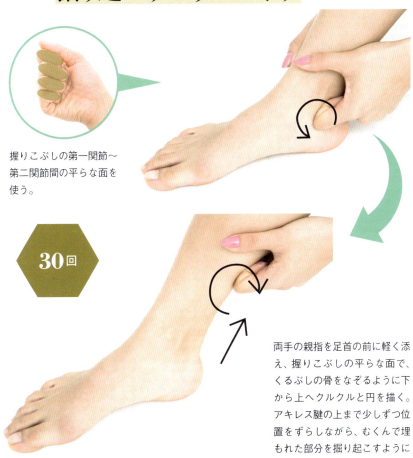

ふくらはぎが太い

筋肉を前後からほぐしてリンパを押し流す

1 ひざ裏を指でとらえ つま先を上げ下げ

ひざ裏を両手でとらえ、4本の指を垂直に食い込ませる。その状態をキープしながら、かかとは床につけたまま、つま先の上げ下げを繰り返す。

10回

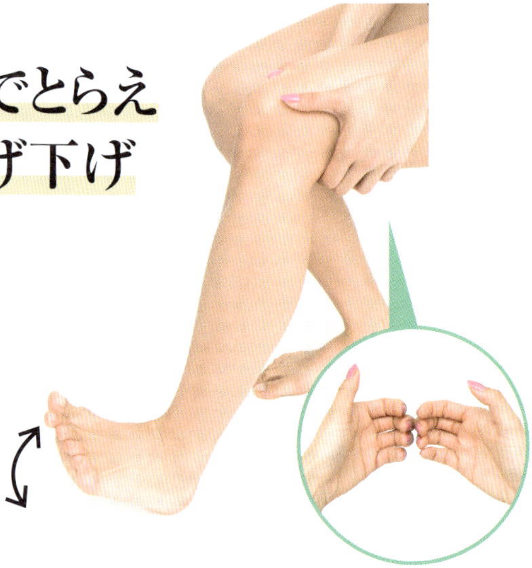

両手の指4本をそろえ、ひざ裏の中央にある横ジワに対して直角に当てる。

2 すねをこすり上げ ツボをはさんで刺激

手を開いて同じ側のすねをこすり上げ、指が引っかかるところでストップ(内側が「陰《いん》稜《りょう》泉《せん》」、外側が「足《あし》三《さん》里《り》」のツボ)。この状態から、かかとを床につけたまま、つま先を上げ下げする。

10回

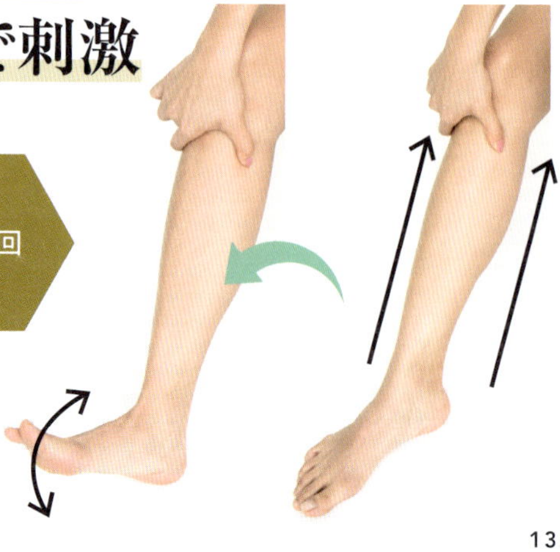

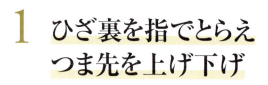

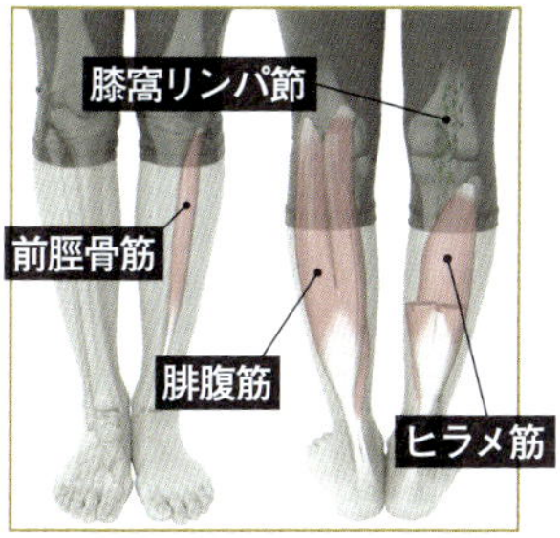

アプローチするのはココ！

ひざ下には前側に「前脛骨筋《ぜんけいこつきん》」、後ろ側に「腓腹筋《ひふくきん》」「ヒラメ筋」があり、それぞれが相反する動きをしながら体を支えています。ところが使い方が偏ると、ふくらはぎが太くなる原因に。硬く凝った部分を念入りにほぐすケアで、滞ったリンパを筋力で押し流しましょう。

3 凝り固まった部分を揺らしてほぐす

床に足の裏をつけてふくらはぎ全体を触り、凝り固まった部分を4本の指でとらえて左右に揺らす。

両手の指4本をそろえ、筋肉に対して垂直に食い込ませる。

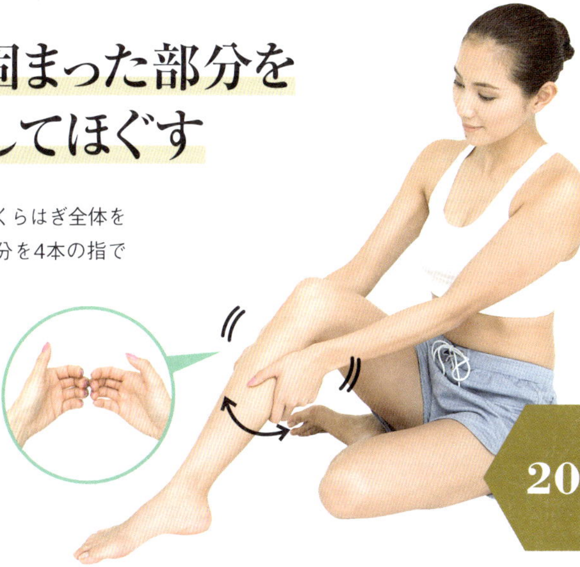

20回

4 つま先を上げ下げして深い部分をほぐす

ふくらはぎを手でしっかりとらえたまま、つま先を上げ下げして筋肉の深い部分をさらにほぐす。このときも、かかとを床につけたままするのがポイント。

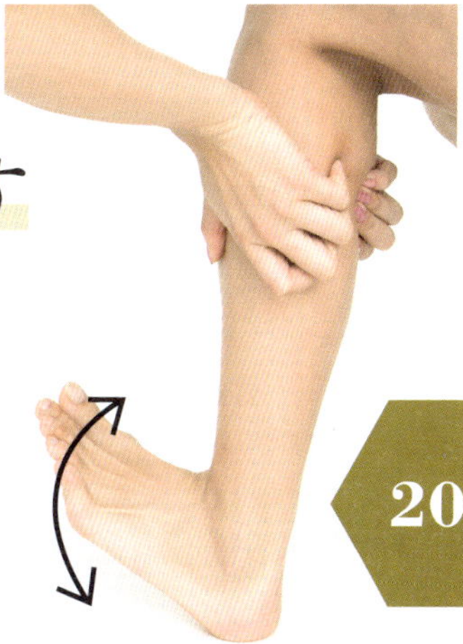

20回

ひざ小僧のたるみ

筋肉間の老廃物を押し流してセルライトをケア

1 ひざ下にタオルやクッションを置き 脚が脱力できるポジションにつく

ひざ下に丸めたタオルやクッションを置いて、脚の力を抜く。太ももの筋肉をゆるめた状態で行うことが、老廃物をスムーズに流すポイント。

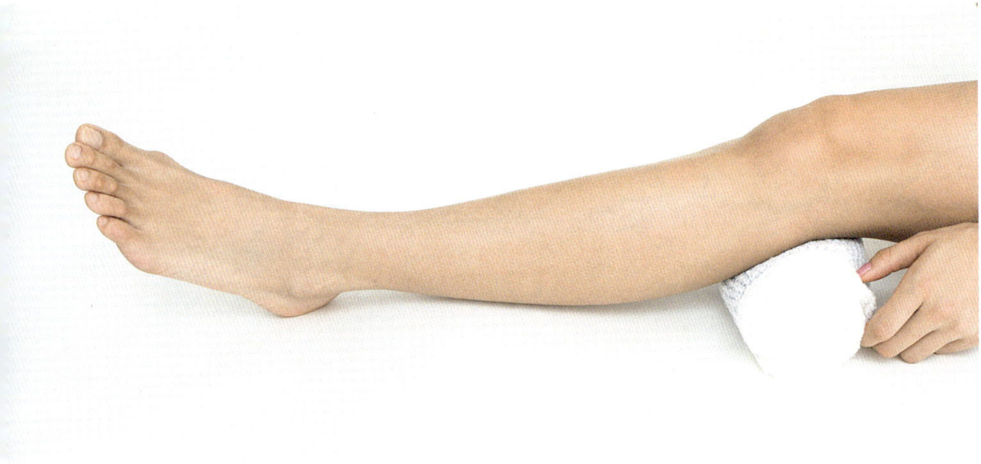

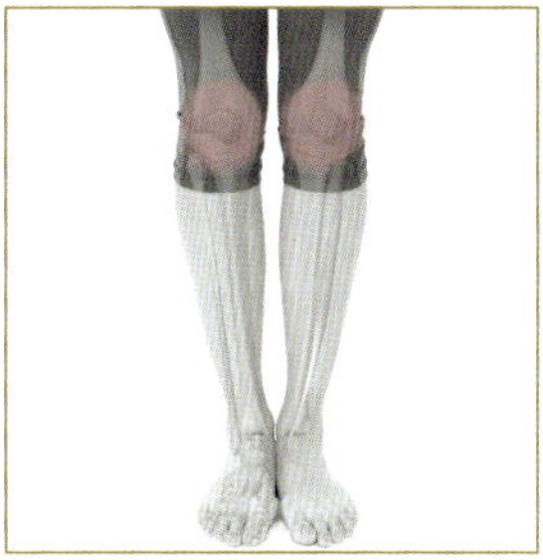

アプローチするのはココ！

ひざのお皿まわりには複数の筋肉が交差し、これを支える力が老化で衰えると、重みによって下垂してしまいます。年齢が出やすい部分なので、筋肉の間にたまった老廃物を押し流すケアはぜひ習慣にしたいもの。セルライトがたまり、たるんだ皮膚を内側から引き上げます。

2　こぶしをクルクル滑らせながらひざのお皿のまわりをマッサージ

両こぶしでひざのお皿の輪郭をなぞるように、クルクルと円を描いてもみほぐす。オイルやクリームをなじませて、滑りをよくして行うとさらに効果的。

握りこぶしの第一関節～第二関節間の平らな面を使う。

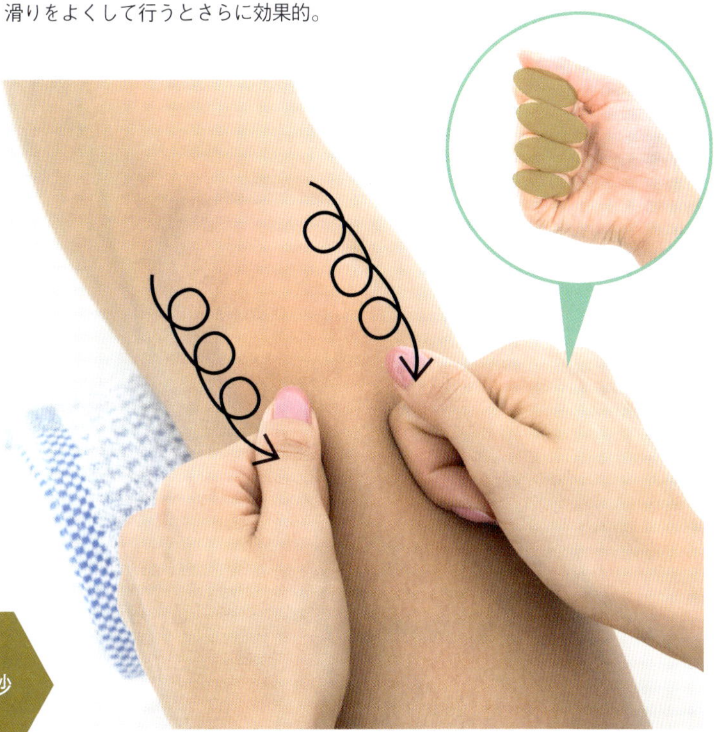

30秒

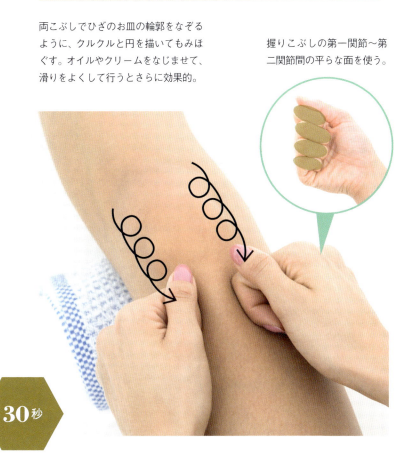

村木宏衣
(むらき・ひろい)

1969年東京生まれ。大手エステティックサロン、整体院、美容医療クリニックでの勤務経験を経て、小顔、リフトアップ、むくみ、ボディメイキングなど、女性の悩みに対して、独自の「村木式 整筋」メソッドを確立。美容誌やファッション誌などで、「美のスペシャリスト」「ゴッドハンド」として、その技能が高く評価され、女優やモデルにも支持されている。また、日本だけにとどまらず、ニューヨーク、ロサンゼルスなどのセレブリティVIP顧客を対象に、「村木式」美容メソッドを伝える活動を行っている。 2018年、レーザー治療専門の「クリニックF」内に併設したサロン「Amazing♡beauty」(http://amazingbeauty.jp/)をオープン。
http://www.hiroi-muraki.tokyo/

構成・編集	オカモトノブコ、日経ヘルス編集部
装丁	小口翔平+岩永香穂(tobufune)
本文デザイン・制作	岡田木華、内田里菜(エステム)
筋肉CG制作	佐藤眞一(3D人体動画制作センター)
イラスト	三弓素青、金子なぎさ
撮影	稲垣純也
読者撮影	村田わかな、スタジオキャスパー
モデル	MIKA
スタイリング	椎野糸子
ヘア&メイク	岡田いずみ(著者)、依田陽子(モデル)

衣装協力 ヨギー・サンクチュアリ(☎ 03-5725-1881)

一生劣化せず今すぐ若返る
整筋《せいきん》・顔体《かおからだ》大全《たいぜん》

2018年11月26日 初版第1刷発行
2022年6月16日 初版第18刷発行

著者	村木宏衣
発行者	佐藤珠希
発行	日経BP社
発売	日経BPマーケティング
	〒105-8308 東京都港区虎ノ門4-3-12
印刷・製本	図書印刷

ISBN 978-4-296-10137-5 Printed in Japan